居民自治

（上）

经验提炼与梳理

上海市民政局基政处
上海市街镇工作协会 ◎编

華東理工大學出版社
EAST CHINA UNIVERSITY OF SCIENCE AND TECHNOLOGY PRESS
·上海·

图书在版编目（CIP）数据

居民自治(上)经验提炼与梳理/上海市民政局基政处,上海市街镇工作协会编. —上海：华东理工大学出版社,2017. 1 (2018.9重印)

ISBN 978-7-5628-4886-8

Ⅰ. ①居… Ⅱ. ①上… ②上… Ⅲ. ①市民—群众自治—经验—上海 Ⅳ. ①D638

中国版本图书馆 CIP 数据核字(2016)第 311758 号

策划编辑 / 刘 军
责任编辑 / 李 骁
装帧设计 / 戚亮轩
出版发行 / 华东理工大学出版社有限公司
地址：上海市梅陇路 130 号,200237
电话：021-64250306
网址：www. ecustpress. cn
邮箱：zongbianban@ecustpress. cn
印 刷 / 江苏省句容市排印厂
开 本 / 710 mm×1000 mm 1/16
印 张 / 14. 25
字 数 / 231 千字
版 次 / 2017 年 1 月第 1 版
印 次 / 2018 年 9 月第 3 次
定 价 / 40. 00 元

序一　贯彻市委“1 +6”文件精神 扎实推进社区居民自治

上海市街镇工作协会会长　潘烈青

中办发〔2000〕23号文件下发，其核心内容就是强调社区自治。党的十六大报告提出“完善城市居民自治，建设管理有序、文明祥和的新型社区”的目标。党的十七大报告又把基层群众自治制度纳入中国特色社会主义政治制度范畴。党的十七大、十八大反复强调“要健全基层党组织领导的充满活力的基层群众自治机制”。按此要求，长期以来，市委、市政府高度重视基层民主建设，强调推进社区民主自治，专门下发沪委办〔2014〕45号文《关于加强本市社区居委会自治能力建设的若干意见》，2010年又下发《关于完善居民区治理体系，加强基层建设的意见》。为此，如何创新居民区治理体系，扎实推进居民自治，实现政府治理和社会自我调节、居民自治良性互动的新局面，已成为广大基层社区工作者都在思考和实践的一项重要工作。结合上海多年的实践，我谈几点想法供大家参考。

一、正确把握居民自治的方向和原则

（一）要全面了解居委会的地位与作用

《中华人民共和国城市居委会组织法》第二条明确，“居委会是居民自我管理、自我教育、自我服务的基层群众性自治组织”。但是，目前社会上对居委会有两种截然不同的观点。一种观点认为，居委会是一个“基层群众性自治组织”，既然是自治组织，政府就不要去“管头管脚”，可以让他们充分自治。如，有一次居委会换届选举，我们起草了一个方案，在听取意见的过程中，有的同志就认为“政府吃饱饭没事做”，自治组织，想怎么选就怎么选，想选谁就选谁，你们何必去规定它呢？这种观点，讲得客气点是对居委会的地位与作用缺乏全面了解；讲得重一点，实际上是个错误观点。

与此相反，还有一种观点就是把居委会当作政府的一个延伸机构，通俗地讲，就是政府的“一条腿”。因此，随意指挥居委会，随意调动居委会干部的现象经常发生，造成大量行政工作往下沉，“上面千条线，下面一根针”，出现了“千条线穿一根针，千理万理理不顺”的尴尬局面。长期以来，沉重的负担使居委会的自治性质发生了异变，行政化、机关化倾向越来越严重。这种观点，也是片面理解了居委会的地位与作用，忽视了居委会的特点与优势。

那么，怎么正确认识居委会的地位与作用？我们不妨共同学习一下《中华人民共和国宪法》。宪法第三章“国家机构”，第五节“地方各级人民代表大会和地方各级人民政府”，其中第一百十一条表述了居（村）民委员会。什么组织可以放进“国家机构”？由此可见，居委会尽管不是政府的一个部门和机构，但它从事的工作是同国家政权有关联度的，它是城市社会管理服务中的神经末梢，是党和政府联系人民群众的桥梁与纽带，是党的执政基础。严格地讲，它是一个带有政权色彩的基层群众性自治组织。它不仅具有基层性、群众性和自治性，还具有鲜明的政治性。

全面正确认识了居委会这一特殊的基层群众性自治组织以后，前面所讲的第一个观点显然是离谱的，关乎执政基础的自治组织，我们党和政府能不去重视它、关心它吗？肯定不行！因此，长期以来，市委、市政府一直高度重视基层工作，强调要把居委会做实、做强、做大，就是从巩固党的执政基础这一高度来认识、来加强。第一个观点不成立。那么，第二个观点为什么也是片面的呢？这就要从居委会特点和优势来分析。目前，我国的现代化建设已处在关键时期，改革在广度上涉及所有领域，在深度上已触及人们的具体利益，社会转型期各种经济社会矛盾加剧，由于这些矛盾大多集中在基层社会，而居委会恰恰在化解和缓解这些矛盾中有独特的优势。它的基层性，能够及时了解群众的疾苦和社情民意，有利于它在第一时间做出积极应对；它的群众性，每天为居民群众排忧解难，做点点滴滴的好事，实际上就是感情投资，有扎实的群众基础；它的自治性，就是用协商、沟通、合作、妥协的柔性化管理方法，协调和处置矛盾，群众容易接受。因此，居委会在城市基层社会管理服务中有着政府和其他组织不可替代的作用。如果我们让其承担过多与居民利益无关的行政事务，占用它大量的时间与精力，它的优势就无法充分发挥，其自治功能也会削弱。我们强调为居委会减负，目的就是强化其自治功能，让其腾出更多精力和时间，更好地服务居民群众。

（二）推进居民自治必须把握的原则

综上所述，我们了解了居委会是一个带有政权色彩的基层群众性自治组织，它从事的工作是同国家政权有关联度的。因此，我认为，在推进居民自治过程中，必须要在基层党组织的领导下有序开展。居民自治工作必须坚持三条原则：一是要有利于巩固党的执政基础，二是要有利于群众得实惠，三是要有利于基层社会的管理与服务。

总之，我们一定要按照党的十八届三中全会提出的“创新社会治理”和市委提出的“创新居民区治理体系，加强基层建设”的要求，发挥好居委会自治组织的功能和优势，逐步在基层社会实现政府治理和社会自我调节、居民自治；开创良性互动的新局面。

二、自治的内容、方法和体系构架

（一）自治的内容

前几年，我经常听到一些专家学者批评上海居委会做政府工作比较多，很少搞自治。如我们创建“居委会自治家园”时，准备请一些专家、学者帮助总结提炼。但讨论时，有些同志就认为没基础，很难建成。我给了一批名单让他们去看、去听，回来，他们还是没有感觉，说居委会只汇报如何举办社区活动，如何组织居民唱歌跳舞，没有汇报如何搞自治。又如，一次居委会主任培训时，有位主任递了一张纸条给我，大概意思讲，他们居委会条件很差，居民层次低，目前推进自治有困难，能否晚点推。其实这些讲法都是对自治缺乏了解，认为实行“三会制度”是自治，其他的就算不上。我可以负责地讲，居委会每天在做的工作90%以上都是自治工作。什么叫自治工作呢？也就是组织法明确的“居民自我管理，自我教育，自我服务”。老城厢的居委会条件是差了点，但居委会调解的任务很重，这就是自我管理。我所居住的小区，每天晚上都能听到志愿者摇铃喊喇叭，提醒广大居民睡觉前关好门窗、关好煤气、注意安全等，你说这不是自治工作吗？如果你把居委会每天在做的工作按“三个自我”梳理归类，我看大部分都能归上，关键是我们对自治的理解和意识强不强。就拿居委会最常见的唱歌跳舞来分析，街道经常会举办一些歌咏比赛或社区活动，如果我这个主任自治意识不强，就会把此项工作仅仅当作简单的行政任务来完成，目的就是组织居民好好排练，争取得个好名次。如果居委会主任自治意识比较强，他就会抓住各项工作的契机，精心策划，注重过程，取得事半功倍的效果。因为，社区工作讲到底就是做人的工作，我们要通过各种社区活动，让老百姓在参与中得到实惠，让他们在社区活动中熟悉更多的人，这样不断增强其社会资本，人脉多了，他就会热爱、关心社区，就会不断增强社区认同感和归属感。这样的机会很多，关键看我们能不能抓住和把握。

（二）自治的方法

上面的分析说明我们居委会一直在做自治工作，但为什么社会不这么认为呢？这就涉及第二个问题——自治的方法。也就是我们做自治工作，是用行政方法，还是用自治方法，由于我们长期习惯用行政方法，造成社会误解居委会一直在做行政工作。那么，什么叫自治方法？也就是用社区的资源、社区的力量，解决协调社区事务和矛盾，这就是自治的方法。经过前几年党的群众路线实践教育活动，我们体会应该更加深刻，自治实际上就是贯彻党的群众路线最好、最具体的体现。自治就是走群众路线，我们一定要相信群众、发动群众、依靠群众，用群众的智慧和力量，来解决与群众利益相关的社区事务及矛盾。过去，我们代老百姓做主太多，做了好事，老百姓不理解，没感觉。现在，我们一定要让老百姓自己来当家做主。实践中这方面的教训和经验很多。如，一次我到闵行江川街道汽轮新村第三居委会，他们主任讲了一个案例很说明问题。汽轮新村是个老小区，前几年街道为他们部分老小区进行改造维修，投入大量资金和精力，改造完了，尽管每户居民或多或少都得到了实惠，但有些老百姓却不满意，意见牢骚一大堆，居委会感到很委屈。后来街道对余下的老小区改造维修，居委会吸取了上一次教训，凡是涉及居民利益的事，干脆就让老百姓自己讨论决定怎么改。居委会主任感慨地说，想不到，讨论的过程，就是达成共识的过程，透明度高了，共识达成了，反过来老百姓把改造维修工作作为自己的事一起积极配合参与。最后，第二期改造维修工程顺利完成，家家户户都很满意。这样的案例在实践中大量存在，现在不少街道、居委会甚至在动拆迁工作中也用居民自治的方法，把愿意动迁的居民组织起来，去做钉子户的工作，取得了意想不到的效果。因此，我们基层干部的习惯思维一定要改，凡遇居民群众利益相关的管理和服务，一定要走群众路线，让居民通过民主协商来决定，来参与解决。要学会用大多数人的办法，来解决大多数人的问题，这就是居民自治。

（三）自治的体系构架

自治的体系构架这个问题，看似简单，但实践中存在不少模糊概念。如有的提出要重建组织构架；有的提出一居一个自治模式；有的在居委会上面搭出一个理事会等。这就涉及一个依法和规范的问题。党的十七大、十八大文件反复强调“要健全基层党组织领导的充满活力的基层群众自治机制”。居委会组织法对自治机制也作了明确。因此，我认为居民自治模式只有一种，它就是“1 +1 +1 + X”，特色载体可以丰富多彩，如下图。

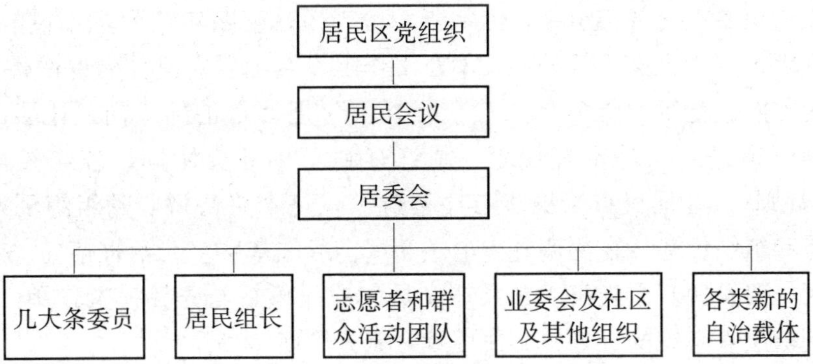

居委会自治架构

自治构架图清晰表明：第一个“1”，就是居民区党组织，它是居民自治工作的领导核心；第二个“1”，是居民会议，它是居委会的决策机构；第三个“1”，是居委会，它是在居民区党组织领导下，按照居民会议的决定，去组织实现居民自治，它是一个组织者、实施者、操作者；最后的“X”，（也可以往下细分）是居民自治的延伸载体和网络支撑，它有组织法明确的几大条委员、楼组长，也有社区层面各类组织和居民群众。最后，各类新的自治载体是基层在实践过程中创造发明的，如塘桥街道贵龙苑居委会“戴老师议事厅”、嘉定街道桃园居委会的“睦邻点”、新华街道新华居委会的“葫芦缘议家社”、江川街道汽轮新村第三居委会的“小板凳议事团”等。这些群众喜闻乐见的特色自治载体越多，说明我们的自治活力越强。

三、推进居民自治需要注意的几个问题

（一）党的领导核心如何把握体现

居民区党组织是党在社区全部工作和战斗力的基础，是社区各类组织和各项工作的领导核心。因此，居民自治工作必须在党的领导下有序开展，这个意识大家都有，实践中碰到的困惑就是基层党组织怎么来体现领导核心作用。有一次，我参加一个街道居民自治交流会，听来听去都是居民区党组织负责人在交流。再一问，这个会他们没叫居委会主任来参加，居民自治工作中居委会是组织者、实践者，这么好的交流会都不让参加，这就是一个问题。因此，我认为“领导核心”不等于“包办代替”。基层党组织“领导核心”，应该体现在总揽全局、协调各方上。有的基层总结得很好，他们形象地讲，“掌舵不划桨”，也就是你是领导，但不要事无巨细，样样揽在手上；第二句“信任不放任”，也就是党组织要信任居委会及其他组织，让他们按照各自章程去开展工作，但是方向原则要抓住；第三句“支持不把持”，也就是党组织要支持各类组织，但不能大包大揽；第四句“保障不设障”，也就是党组织要为大家保驾护航，不在工作上设置障碍。具体做好四件事：一是把握方向。党组织要按照“三个有利于”把握自治的方向，让居民自治依法健康推进。二是定好规矩。制订有利于“社会协同，公众参与”的“游戏规则”，让居民自治稳步有序推进。三是牵头协调。党组织要发挥政治优势和组织优势，在协调各方上做文章，形成基层多元治理格局。四是发挥作用。要发挥基层党组织和共产党员的战斗堡垒与先锋模范作用。这样，我感到基层党组织的领导核心作用就会充分体现。

（二）要处理好居委会与业委会的关系

这个问题是实践中碰到的矛盾最多，也是争论最多的问题，我印象很深。市政府曾下发《沪府发［2007］19 号》文，明确“居委会代表全体居民整体利益，要加强对本居民区内的业主委员会、社区民间组织和其他服务机构的指导和监督……”有些同志对这句话不理解，因为我参与了文件起草工作，就遭到有些同志指责，批评我是误导了领导。有些同志甚至讲，你们为啥不写让业委会指导居委会。实践证明，19 号文件的提法是正确的，而且我们必须坚持。理由：一是居委会是带有政权色彩的基层群众性自治组织，如在选举中，剥夺政治权利的居民就没有选举权和被选举权，可见，它是一个带有政治色彩的组织；而业委会只是一个维权组织，房屋的所有权人为业主，业主就享有选举权和被选举权。二是居委会代表全体居民的整体利益，而法律对业委会规定，不得做出与物业管理无关的决定，不得从事与物业管理无关的活动，它代表的也不是全体居民，而是有房屋产权业主的部分利益。因此，在基层社会管理和服务中，居委会是组织者、实施者、操作者，业委会是参与者。居委会有权对业委会进行指导、监督，而业委会应当主动积极配合居委会开展自治管理，接受它的指导、监督。

（三）要处理好居委会与社工站的关系

20 世纪 90 年代末，上海个别街道为适应政府职能转变，推进社会事务社会化，逐步减轻居委会负担，积极探索建立社区居民事务工作站，在居委会层面推行“议行分设”的模式。对这个问题，我一直有不同看法。我认为，一是法律规定居委会就是一个“议行合一”的组织，如果居委会只议事，就容易边缘化、空心化。我与推行这种模式的主任聊过，他们感到很为难，老百姓选他们出来，他们却不知道怎么做。街道也不召集这些主任开会，只开社工站站长会议。他们无奈地说，有时路过居委会，他们会去社工站，问有什么事可以让他们去做。这样的居委会不就是一个“摆设”吗？

二是居委会光议事，不可能会坐班，而社工站只注重做好一些具体事务，那么基层网络建设谁去做？前几年，市科联有位领导跟我反映一件事。一次，她80多岁的老母亲住院，两个月党费没及时交，后来社工站打电话到她姐姐处去催，她姐姐当时很生气地说，我母亲住院两个多月没人关心，晚交党费却来讨要，你们也太过分了。实际上社工站也很委屈，他们仅是一个具体操作者，没义务去走街串巷、了解社情民意；而居委会是虚的，也不会去做这些事。三是每个居委会建一个社工站成本肯定提高，很可能产生新的“大锅饭”，有没有必要。我认为，创新是要解决问题，如果是为了炒概念、赶潮流，特别是为今后改革设置障碍，就没必要这样“瞎折腾”。

通过十多年的实践，大部分地区目前已逐步理顺了这个问题。2006年，市民政局也专门印发《上海市社区居民事务工作站规范化建设要求》的通知。明确：一是工作站的性质和定位。它是政府、社会出资购买其服务的非营利性公益服务组织，具有一定人员规模的工作站应当办理民办非企业单位法人登记。二是工作站的设置和人员聘用。要根据服务需求和工作量，可在街道层面设置若干个，实施“多居一站”，也可按照综合类、专业类进行分类设置。三是工作站承接的工作。承接政府部门、街道办事处下沉到基层的社会性事务工作，承接从居委会剥离出来的社会性事务，承接社会公益性服务。四是街道办事处、居委会与工作站的关系。街道办事处、居委会与工作站是委托与被委托的关系。工作站按工作项目合同，在街道办事处和居委会的指导下开展工作。要避免将工作站建成街道办事处的下属机构和居委会的工作机构。五是工作站的运作方式。初始阶段可采取一些必要的扶持措施，通过签订合同或项目管理的方式，购买工作站的服务。有条件的街道应当积极探索工作站的市场化、社会化的运作机制，引入竞争机制，实行公开招投标，逐步规范购买服务的操作程序。工作站要通过优质服务取得发展，实行优胜劣汰。

四、怎么有效推进居民自治

（一）加强制度建设

加强制度建设，是确保居民自治有序推进的重要保证。有次座谈会，有一位社区干部讲，“人管人累死人，制度管人是约束人”，我感到这句话很有道理。在基层社会复杂的管理事务中，你居委会干部去劝阻一些不利于基层社会管理的问题时，有些居民就很逆反，明明他不对，但道理比我们还足。但如果有了制度，这种情况会逐步改善。因此，我们在基层社会管理和服务中，必须要把握：凡法律明确的，我们按法律要求办；法律没明确，但政府规章和政策明确的，我们就按规章和政策意见办；法律和规章政策都没明确的，我们就应该引导社区居民民主协商制订居民自治章程、居民公约或其他制度办。当然，在引导社区居民制订居民自治章程、居民公约和其他制度过程中，我们必须坚持三条原则：一是合法性原则。我们制订的居民自治章程、居民公约和各类制度，不能与上位法相违背、相抵触。具体讲，不得与国家的法律法规相悖，不得与党和国家的方针政策相抵触，不得有侵犯居民合法权益的内容。二是民主性原则。以居民公约为重要形式的制度是全体居民的行为规范，内容涉及全体居民的利益，所以要在居民会议上讨论制订和修改。我们强调民主性有几个好处。首先，民主协商的过程容易形成共识；其次，就是有不同意见，也让居民了解过程，知道这不是居委会的要求，而是大多数居民的意见，居民就会有所约束，就会自觉遵守。有一次，我到松江区方松街道松云水苑居委会，几年前那里“群租”泛滥，好好的小区被搞得“脏乱差”，居民意见很大。居委会就引导业主共同讨论怎么来治乱，通过讨论达成了共识，制订了《业主公约》，要求规范出租。后来，大家严格按《业主公约》来执行，谁违反了就由物业按《业主公约》来处罚，很快就治愈了这个“顽症”。闸北、杨浦有的居民小区在解决乱停车等问题中，也是靠居民民主协商、订出规定，来约束引导大家，效果很好。三是实用性原则。制度不在于多，不在于“富丽堂皇”，不要图形式，不要“喊口号”，不要“千篇一律”，一定要从实际出发，结合本居委会的实际需求，什么问题突出，就先从解决突出问题着手，而且要便于操作，简便易行。可以用朴素的群众语言，让居民明白，什么事可以做，什么事不该做；提倡什么，反对什么；遵守了怎么办，违反了怎么办？让居民看得懂、记得住、能执行，这就是一个好制度。

（二）要加强引导

居民群众是居民自治的主体，怎样有效引导居民广泛参与，是广大社区干部需要共同研究和不断实践的重要课题。总结上海的实践，我认为主要可从三方面着手：一是通过服务来凝聚人。在开展第一批“居委会自治家园”创建中，有些专家对古美街道古华三村的做法很感兴趣，他们居民区书记重点就是抓“人才工程”。乍一听，居委会层面怎么会有“人才工程”，实际上书记是抓人才资源，一旦小区居民碰到困难，居委会就出面帮社区居民“搭桥”，很多居民中的“急、难、愁”矛盾就这样得到解决。服务到位了，社区居民认同了，归属感不断加强，参与意识也越来越强。如一户居民家中有一位智障人士，享受到居委会与居民无微不至的关怀，多次到居委会表示感谢，同时也要求给智障人士安排一些力所能及的志愿服务工作。后来，居委会安排这位智障人士参与小区值班巡逻，想不到他做得很认真，小区居民很认可，他的家人也很开心。我们很多居民自治很有活力的居委会普遍认为，只有服务为先，让老百姓在参与互动中不断得到实惠，他们的参与热情才会不断被激发。二是要真心实意让居民群众说了算。我听南京东路街道承兴居委会洪克敏讲过一件事，十多年了，我记忆犹新。十多年前，承兴居委会在一次居民代表大会上讨论“居民公约”。由于这个公约事前也是走民主程序制订出来的讨论稿，居委会本想通过居民会议决定后就可实施，因此会前印制了100多份。想不到，会上有3个居民代表又提出了几点修改意见。此时，洪克敏思想产生了激烈斗争，如果凭她的威信，引导大家先通过再修改肯定不成问题，这样事前的准备也不浪费。但是，她想到这样居委会是方便了，可提意见的居民代表会怎么想？最后，她权衡利弊，反而引导大家暂不通过。这样做，目的是让居民代表深信，居代会不是走过场，居委会是真心实意听取大家意见的。这件事后，承兴居委会的民主氛围逐步形成，凡是与居民利益相关的事，承兴居委会都是组织居民群众民主协商来讨论决定，居民的参与热情也越来越高涨。三是要善于捕捉民主协商议题。你让居民群众讨论、民主协商，议题很重要。如果讨论的议题与他们的利益无关，他们就不感兴趣，参与热情不会高。因此，我们一定要善于抓住居民群众关心的热点、难点和敏感话题，把它转化为民主协商的议题，这样，居民群众才会感兴趣，如前面讲的“小区维修改造”，涉及居民切身利益，他们就会来参加。有一年，我带了部分街镇分管领导和科室同志去沈阳市多福社区考察，印象深刻。多福社区是个老旧社区，集中居住着大量失地农民，几年前还是一个典型的“脏、乱、差”小区。据介绍，很多居民将垃圾从窗户直接扔下来，社区活动也很少有人参与。后来，社区干部抓住区政府为小区维修的契机，做了几件让老百姓感兴趣的事：第一，筹划了一个“千福图”，垃圾清除后，腾出空地建了一个小绿地，绿地从四面八方看过去都是福字，绿地后面造了一个背景墙，发动社区2 300多户居民，每家写一个福字，合成了“千福图”；第二，征集社区牌楼对联，发动全体居民集思广益，最后采纳了大家一致认可的双头诗，上联“多福人人人福多”，下联“顺心事事事顺心”。据说，创作这副对联的居民原来从不关心社区，现在看到居委会和居民这么看得起他，把他的双头诗刻在牌楼上，激发了他的社区参与热情，现在他是社区文化带头人；第三，举办了社区“百家宴”和“灯展”活动，现在这两项活动已成为社区品牌活动，深受广大居民欢迎；第四，拍了社区

"全家福"，2 300 多户居民，每户派一名代表参加，这可是全国唯一一张社区"全家福"。从这张"全家福"足以看出该社区的凝聚力和居民的参与意识。综上所述，如何引导居民，激发他们的参与热情，社区契机很多，关键是我们如何去把握、去策划。

（三）积极培育

我们要认真贯彻"市委关于完善居民区治理体系，加强基层建设"的要求，一是要开拓我们的工作思路。在基层社会管理和服务中，积极培育多元参与主体，发挥好居委会层面业委会、物业管理、企事业单位及其他各类组织的作用，努力构建社区成员共同参与的居民区治理平台。二是要积极培育社区社会组织。除了要引进和培育一些社区公益性服务组织来承接社区管理和服务中的事务工作外，居委会更要重视培育社区群众兴趣爱好的活动团队。我们不要小看这些"准社团"，我们不去重视、不去关心，这些自发的活动团队照样存在，可能活动完了就是一个"发牢骚"的阵地，产生负面作用。但如果我们去重视、关心了，他们就会团结在居委会周围，成为我们基层社会管理和服务的主力军，成为社区的正能量。杨浦区有位居委会主任讲得很有道理，居委会主任能力再强，只不过是两只手，就是把居委会委员全部加上，充其量就是 10 多只手，如果居委会有 20 多支团队，每支团队有二三十人，我就成了"千手观音"，居委会还有什么难事办不了呢？所以，我们要按照习总书记强调的，"社会治理根本上是服务和管理人的过程"的要求，尽可能通过社区工作和社区活动，把社会人变成社区人，再把社区人尽可能"组织化"，"组织化"程度越高，我们的管理和服务就越方便、越到位。三是要创新自治载体。要抓住、发掘一些自发的、草根的活动载体，引导培育成为民主自治的新载体。如我跟江川街道汽轮新村第三居委会的"小板凳议事团"聊过，他们原来就是几个关心社区的居民，经常在一起发发牢骚，提提意见。想不到街道和居委会很当一回事，经常与他们沟通交流，现在他们成了小区的智囊团。嘉定镇街道桃园居委会的"睦邻点"，原先也是居民自发成立的活动点，在街道和居委会的鼓励、支持下，现在成了居民自治的有效载体。四是要挖掘培育"社区领袖"。要发挥社区一批德高望重、热心公益事业的志愿者骨干的作用。如塘桥街道贵龙苑居委会的"戴老师议事厅"，戴老师就是居民群众信得过的业委会主任，居委会借她的威望成立了小区议事厅，社区碰到矛盾和问题，都由"戴老师议事厅"来协商解决。欧阳路街道董家宅居委会的"卜阿姨下午茶"，也是由一位退休女教师牵头，原来就是十来个知心朋友经常在一起聊天、喝茶，由于卜阿姨的热心、热情，她利用这一平台，主动协调邻里纠纷，为孤老和居民排忧解难，深受小区居民的爱戴，现在“卜阿姨下午茶”已成为董家宅居委会的得力帮手。我们每个居委会如果都有几个这样的“社区领袖”，居民自治工作的质量和效果就会在原有基础上不断跃上新台阶。

以上是我在市民政局基政处岗位上多年实践探索的一点体会，仅供大家参考，如有不当之处，请予批评指正。

序二　怎么样当好居民区党组织书记、居委主任

浦东新区张江镇碧波路居民区党支部书记、居委会主任　蔡卫国

碧波路居民区地处浦东新区张江镇，在内环线/罗山路的张江立交桥的东面。我们居民区有两个单位，一个是碧波路居委会，另一个是汤臣高尔夫园区社工站，后者不叫居委会，为什么，因为开发商没有给我们居委会配套的用房，所以就按原来的习惯，称它为社工站，是镇政府的派出机构。碧波路居委会，居民住户一共是934户，是一个较高档的商品房小区，汤臣高尔夫园区都是高档别墅小区，占地面积1.4平方公里，我查过有关资料，就占地面积而言，该园区是上海地域最大的一个小区。碧波路居民区规划居民1 781户，现有居民近5 000名，居民来自26个国家和地区，以及国内20多个省、市、自治区，其中，外籍居民占25%左右，户籍人口1 000余人，占20%左右，是一个典型的国际化社区。我是居民区党组织书记、居委会主任一肩挑。

在这样高档的商品房小区，怎样加强居委会建设？我结合自己的工作实践，从五个方面谈一点体会。

一、"新官"上任，迎难而上

我到碧波路居民区工作之前，一直在张江镇文广服务中心工作，从来没有想过会到居委会工作。镇里派我去也是事出有因，由于碧波路商品房小区建成后，业主入住四五年了一直没有业委会，业主碰到一些物业管理方面的问题谁也不去解决。由此，业主要求成立业委会，并到张江集团公司上访。集团领导跟他们说：没有居委会，不能成立业委会。其实，当时张江处在快速发展阶段，还顾及不到筹建居委会。后来，在业主的强烈要求下，政府于2005年5月9日成立了碧波路居委会。5月12日，时任浦东新区副区长参加了揭牌仪式。在居委会成立之前，镇党委派我去当负责人，我有过想法，就找领导谈：为什么派我去？领导说：这样高档的商品房小区，需要一个懂

文化的人去管理，我们相信你一定能胜任的。没办法，我就这样被赶鸭子上架了。

我一上任，这些居民天天围着我，说："蔡书记，你来了，你能为我做什么?"我说："我也不知道。"这是一句实在话，我心里就是这么想的。我从来没有做过居委会工作，不知道居委会能做些什么事情，对居委会的概念是一张白纸。当时，我没有退却，对居民说："上级就给我派了两个助手，他们也没做过居委会工作，虽然，我们三个人都不懂居委会工作，但我有一句话，就是你们需要我做什么，就提出来，我能做到的，我当场给你们讲应该怎么做，怎么完成；如果你提出的要求我不能完成的，你给我时间，一般情况下，我三天会给你答复；如果实在做不到，我会实话实说，你们也不要火气这么大。"我又对他们说："我们相识是一种缘分，不是我想过来，是你们要我过来的，那你们就要配合我工作。"经我这么一说，这些居民开始缓和下来。经过一段时间的摸底，我对这几个挑头的居民有所了解，认为他们本质是好的，也有一定的能力，经过再三权衡，我觉得不能把他们作为对手，而应该作为队友。于是，通过民主的程序，把他们中的几个骨干选为居委会和业委会的委员。把这些人吸收进来后，我就对他们说：现在我们是一个团队的人了，我们共同去调查，看看居委会要办些什么事，列出一张清单来。这些人倒也积极，开始调查和罗列起清单。有了清单，我就不怕了，就可以按照清单做事情了。我带领大家讨论清单，哪些能做，哪些不能做，哪些下次再列，一步步来，先易后难。有了工作目标，大家的劲头上来了，团队的氛围也有了。

这件事给我的体会就是：你不要一味地想去管他们，想把他们压下去，那会适得其反。我有一句话：服务是宗旨，认同是核心，寓管理于服务之中。什么意思呢？就是让他们感到，我是来服务他们的，不是来管理他们的；通过我的服务，最终达到让他们认同管理的结果。认同是很重要的，没有人认同，我也就没有立足之地了。

二、选好突破口，用文化凝聚人

居委会的工作走上正轨了，今后怎样发展呢？发展的突破口在哪里呢？其实，镇领导派我来，就是考虑到这里是高档商品房小区，这里的居民经济条件好，许多居民家里的保姆就有三四个，小汽车好几辆，但这里的居民缺少精神文化生活，而我在这方面有特长，选择文化这个突破口是对的。领导对我说：你去的两个月里，举办一个大一点的活动，把人气带动起来。但我想：两个月里就举办一个大活动，有点来不及。我对领导说：举办一个活动就是一个品牌，要扩大居委会的影响力，你叫我做居委会工作，我就要有这个信心，办法总比困难多。我打算在暑期的时候，好好举办一个活动。领导也同意了。以前，我是镇文广中心的副主任兼图书馆馆长，举办文化活动，对我来说还是驾轻就熟的。

“小手牵大手，走到一起来——亲子互动游戏”，成为我们碧波路居委会成立以后举办的第一个文化活动，而且是一个品牌活动。2005 年 8 月，我们举办了一个“小手牵大手”的亲子活动，这比较顺其自然，也容易为居民所接受。这个活动，许多居委会都在做，我就想做出一点特色来，所以，在“小手牵大手”后面加了一个“走到一起来”，以示区别。多少年来，我做这个活动一直沿用这个名字，逐渐将它建成一个品牌，一直让它存在下去，去做好它。

第一次举办“小手牵大手，走到一起来”亲子活动，一共有 39 户家庭参与。开始的时候，我按老规矩，规定亲子活动一定要三口之家一起来参加。后来，我下去排摸，发现小区里老人多，孩子还不止一个，养两个三个的都有，都是中外结合的家庭，没有计划生育的。我想，都是做活动，多多益善。为此，我修改了原来的规定，不一定是孩子和父母，也可以是三代同堂。39 户人家，100 多人，在小区的篮球场上开展亲子活动，很热闹的。我们弄了点气球、飞镖等，还邀请了外籍人士参加，中外结合嘛。一个中美结合的家庭，丈夫是美国人，任通用的亚太地区执行总监，妻子是中国人，带着他们一岁多的小孩来参加活动，并担当主持人，主持得很好。活动是居委会办的，我也叫物业公司参与，让他们提供场地。活动中，我给每家都发了通讯表，内容包括参加人员姓名、家庭地址、联系人、联系电话等。这是我们居委会的第一张居民联系表。你想，小孩子在一起玩耍，大人就互相认识了。通过这个活动，使家庭和家庭之间的门打开了，有的现场组成临时家庭，玩得开心不已。就这样，居委会的影响力扩大了。原来人气不足、文气不足的小区，通过亲子活动，小区有了文气，有了居民之间的交流了，居民们开始注意居委会了。接下来，我开始着手发展他们做志愿者工作。

“相约九号”成为我们最具特色的品牌活动。到了 2005 年 10 月，我们有近百户居民“走出小家，融入大家”了。这时，我酝酿很久的“相约九号”文化活动也准备付诸实施。经过策划和精心组织，我们于当年 10 月 9 日，搞了一个“社区一家亲”广场文艺汇演活动。这个活动进一步体现了“走出小家，融入大家”的精神，达到的结果就是“社区一家亲”。从 2005 年 10 月 9 日开始，到 2014 年 10 月 9 日，这个“相约九号”品牌活动已连续办了十年，风雨无阻，晴天就在室外，雨天就在室内，反正我有的是地方办活动。我们“相约九号”活动有一个主题，叫“相约九号你我他，健康快乐每一天”，让老百姓出来健康快乐地活动。在这里，中外文化共同传播，中外人士相互交融。有的居民说：“物业公司收了我们那么多钱，从来不给我们搞活动，而居委会给我们搞活动，还有礼品送，我们很开心的。”的确，我们搞“相约九号”活动的时候，每次都准备哈密瓜等水果，还有各种烧烤，还请民间艺人表演节目等，每一次活动都要花费三万多元。这样，让中外文化融合在一起，使外国人喜欢中国文化，也使中国人喜欢外国文化。活动中，各国的歌曲、舞蹈、魔术等，都在这个舞台上展现，大家一起交流。有的居民说：“居委会来了不到半年，就办了这么多活动，今后我们把物业管理费交到居委会吧。”这话虽然不现实，但表明了居民对居委会的认同，认同为核心嘛。居民，特别是那些老人，他们就是谁对我好，我就对谁好，居委会对我好，我就对居委会好，我就认同你，很朴实的。可见，在高档商品房小区，采取“文化为媒介，活动为载体”的方式，使居民“走出小家，融入大家”，成效是显而易见的。现在社区，老人与小孩最多，他们在家里，闲来无事，如果你开展一些多姿多彩的适合他们的活动，他们才会“走出小家，融入大家”。举办活动要根据你的实力，有钱就办得大一点，没钱就办得低调点，总之，要因地制宜。

文化活动办起来了，活动载体建起来了，我们开始引导居民自己策划、自己组织文化活动。近几年，我们“相约九号”的一场活动，大约 2 个小时，10 多个节目，其中有 8 个节目是居民自己策划的，还有一些节目是外请的。这就是居委会自治工作，一定要注重老百姓的参与度和满意度，一定要提高老百姓的幸福指数，我们居委会的工作就是让老百姓感受到党和政府的关爱，让他感觉到自己是当家做主的。

三、理顺关系，协调做好自治工作

高档商品房小区的居民自治工作有别于旧公房小区，我在实践中体会到：理顺关系对做好自治工作很重要，这是做好居民自治工作的前提和基础。

1. 要处理好居民区党组织与居委会的关系

在居民区，党的领导是核心，居委会是在党组织领导下开展工作。这个道理大家都懂，我要说的是在具体工作中，党组织书记如何做好这方面工作。

作为一个党组织书记，个人不能凌驾于党组织之上，这是非常重要的。

有些人认为，书记最大，是说了算的。我认为，居民区书记是带头人，居委会主任是当家人，“党政”应该分开，居民自治的工作由居委会去做，这个一定要把握好。在实际工作中，居民区书记的权力比居委会主任要大，但作为居民区书记要掌握分寸，做到“掌舵不揽舵，信任不放任，支持不把持，保障不设障，到位不越位，授权不授责”，这“六不”原则是处理好居民区书记与居委会关系的要诀。作为书记来说，你对居委会的工作要信任，一旦方针政策制订以后，就要放手让居委会去做，但不能放任。打个比方，到北京去旅游5天，定好经费标准以后，你就不要管其他了，管他是乘高铁啊，乘飞机啊，哪怕自己开车去也不管他，反正在这个时间节点、经费里面，让他自己支配，只要安全和快乐就行了，这就是信任不放任，支持不把持。如果你管得太具体，那就不对了，太累了。书记要保障居委会工作，按照党委、政府交办的中心工作去做，还有就是开展居民自治工作，这是非常重要的。不要什么事情都要照你的方法、你的思路去做，他只要是在政策范围内，他只要是居民自愿做的，只要是想居民之所想，急居民之所急，都可以八仙过海，各显神通嘛。书记还要到位不越位、授权不授责，你叫手下去做事，你是领导，做对了是应该的；如果做得不对，不要去责怪他，要想想自己的领导问题，这非常重要，要讲究领导方法，不然对协调矛盾不利。居民区书记不要冲在第一线。在解决矛盾的时候，书记尽量要退在第二线。为什么？你冲上去，最后一张牌打光了，就没有回旋余地了。第一线主要由社区干事和居委会主任冲上去，他们解决不了，你书记再上去，给他协调协调，出出主意，想想办法，这样才能做到小事不出居委会，大事不出街镇，矛盾不上交，但有些矛盾该上交的还是得上交，一般矛盾不要上交，要不然，有的时候有些事你是无法改变的，捂在里面像吹气球一样，总归是越吹越大，到最后肯定要爆掉，这没办法的。在常规情况下，你这个平台能解决的，你就不要上交，这个就是第一个处理好居民区党组织和居委会的关系。

2. 要处理好居委会与业委会的关系

高档商品房小区的自治工作，一个很重要的事情就是要处理好居委会与业委会的关系。业委会是随着物权制度的产生而产生的，也就是说，有了商品房、产权房以后，才有业委会的。业委会是整个小区全体业主选出来的业主代表中的代表。我们居委会是全体居民选出来的，一般是5～9人。而业委会是按照小区的规模大小，由全体业主选出来的管理人员，也是在5～9人，基本上以7个委员居多。业委会与居委会最大的区别在于，居委会服务于辖区全体居民的公共事务，业委会服务的是全体业主的合法物权。业委会手里有权有钱，最厉害的就是，物业公司干得不好，可以炒掉它。在物业公司的选聘中，目前一般有两种方法：一种是全体业主投票，一家一票；第二种是招投标。招投标过程中，一种是公开招标，一种是邀标。如果公开招投标，那么，业委会对这个物业公司的掌控程度不是很强的；要是邀标的话，很可能是业委会看中的物业公司，那么物业公司就是在业委会的掌控之下。因此，业委会在这方面的权力是非常大的。那么，当居委会与业委会打交道的时候，如果居委会对业委会的指导与监督能力不强，那么你的工作就很辛苦，这时候就要看居民区书记或主任的个人素质了，这关系一定要处理好。居委会与业委会的关系处理不好，最终损害的是全体业主的合法权益，这方面很重要的。另外，条件允许的话，尽可能让业委会的主任、副主任或部分委员通过民主选举的方式，选为居委会的委员，实行居委会委员和业委会委员的交叉任职。这样，大家都能熟悉各自的工作重点，便于开展工作。我们就是这样做的。因此，居委会和两个小区业委会的成员关系处理得较好，大家相互信任、相互支持、相互尊重。

3. 要处理好居委会与物业公司的关系

刚才，我们讲了物业公司的招投标过程，最后由业主大会和他们签订合同确定的，它与业委会属于合同关系。因此，这个物业公司是听业委会，而不会听你居委会话的，特别是在一些比较高档的社区，业主交的物业费和延伸服务费比较多，物业公司也比较强势。现实中，比较强的物业公司对居委会的依赖程度不大。在这种情况下，居委会对物业公司的沟通协调力就比较弱。怎么办呢？我的做法是与物业公司建立相互信任关系，与他们交朋友，能不能交好朋友，要看你居民区书记和主任的个人能力强弱。2012 年 5 月 19 日，时任市委副书记殷一璀同志来我居委会调研，她问了我一句话：你对当前的社区工作怎么看？我说：“领导，你是要听真话还是假话？”她说：“要听真话。”我说：“我讲了以后，你肯定会不开心，我们居委会工作是一个‘四不像’工作，30% 是政府交办的工作，30% 是居民自治的工作，还有 40% 的工作连我自己都不知道是什么工作，都是一些杂乱无章的事情。”我说：“按照目前的社区管理和社区服务的思路和方法，我们的社区工作 30 年不会进步。”这句话讲了以后，领导的脸色一下子沉了下来，她说：“你为什么这么评价。”我说：目前为止，你们天天在讲居民自治，党的领导什么的，但是现在由于法律法规的缺失，我们许多自治工作无法开展，我们居委会大量的工作是在和物业公司、业委会打交道，天天在救火，打个比方，我既是幼儿园的园长，又是敬老院的院长，还是救火队队长。物业公司和业委会不行了，物业公司和老百姓不行了，老百姓和业委会不行了，这种事经常发生，三年一次选举业委会成员，两年一次选聘物业公司，还有个指标，稳定压倒一切。你说党组织是社区各类组织的领导核心，要把好业委会的人选关、选举关、培训关、监督关、指导关，我说这五关一关都关不住。上面的领导比较好办，对下面是“通不通三分钟，再不通龙卷风”，你不行就拉倒，换一个人。而居委会对业委会没有监督指导权的，全靠居民区书记的综合素质，就是人格魅力，你吃得定他吗。我给领导举了一个例子：上海市物业条例规定，房产证上有名字的才是业主，夫妻结婚后，老公出钱买的房子，写的老婆名字，然后老公不是业主，你说这道理哪里行得通啊，打官司谁赢啊。因为这条法律法规的缺失，居委会在落实业委会成员时，特别是一些能办事、会办事、想办事的人时，因房产证上没有他的名字，就不是业主，就不能成为业委会成员的候选人。我觉得，夫妻两个人的婚后房产，一方没有名字，也应该是业主嘛，你说这不是法律的缺失？殷书记说：“你是最敢讲，也是最会讲的居民区书记，这一点是现实。”我在实际工作中是变通处理的，比如，这个老公很能干，但房产证上没老公名字，只有老婆名字，我就把他老婆选入业委会，工作让老公去做，这是违规的，但没有违法。就这样，我们把好了业委会的人选关。居委会和业委会的关系非常重要，业委会手上有维修基金，有使用权、招投标的权力，这些权力很重要。因此，有些人为了自己的个人利益，拉帮结伙想进入业委会，这样的人进来后，居委会对业委会的监督指导是不利的。居委会在物色业委会成员时，最起码5人当中有2~3人是你的人吧，要不然他们把你卖了都不知道。虽然规定业委会的重大会议要请居委会参加，但是我们不可能全部去参加的，同样，我们也没有这个精力去参加，他不叫你参加，你也不可能过去的。但是，你把关选上的人，就是你的眼睛，那么你就对业委会有一个监督指导的权威，这非常重要。

刚才讲了物业公司是业委会聘用的，签了合同后，大多物业公司不会买你账，这时候，居委会要靠感情投资。但是，感情投资很难，各家有各家的办法，各得其法。居委会的优势就是群众基础，许多话可以通过群众的嘴巴说出来，可以对物业公司的服务进行监督，我想你对物业公司也是有一定威信的。一般情况下，居委会对物业公司的去留，是有建议权的，导向作用还是有的。因此，居委会和物业公司的关系要搞好。

4. 要处理好居委会与上面条线部门的关系

居委会是按照居委会组织法中的六大任务开展工作的，但是这部居民组织法太陈旧，已经不适合我们现在社区工作的要求了。可是没办法，我们现在只有这部法。现在，居委会工作千头万绪，什么事情居委会都有份，什么工作都离不开居委会，居委会是政府的最后一道防线。2016 年上海有两大任务都与居委会有关，什么三违整治、人口管理，等等。就拿房屋登记工作来说，其实房地局把房地产单子一拉就是了，可是他们不做，让我们居委会来做；还有人口管理，居住证好办不好办都是靠居委会的，难事都让居委会来做，好事就轮不到居委会了。居委会一没钱、二没权，但是许多事都要我们来做。再比如，为居委会减负。居委会的台账多，有人统计，10 年中，有的居委会做了 100 多本台账。我就没有这么做，我们居委会台账不多的，我把所有台账资料都存在电脑里，要一张打一张，改头换面就行了。我们自己给自己减负，方法最重要，有些工作要实打实地做，有的是要应付的。我有一句话："费随事转，权随责走。"这八个字，就是你叫我做事可以的，你给我钱就行，这就是"费随事转"，现在无钱不能办事啊，你哪怕让老人去做事，起码一块肥皂、一条毛巾要发吧，对志愿者，你最起码也要意思一下。总之，居委会要按照居委会组织法的六大任务开展工作，书记要敢于担当。我建议你们要理一理，不要做甩手账，上面批给你，你要看看该怎么做，不然的话，你就会很累，也不一定能把工作干好。

四、更新观念，创新服务

高档商品房小区里没有穷人，没有旧公房小区的那种帮困服务，但有其自己的服务特点，我一直讲八个字，叫做"哄哄老人，骗骗小孩"。为什么不提中间人群呢？因为，中间人群就是那些年轻人，除非一些来咨询计划生育工作，打个居住证什么的，其他人是不会来的，要是他天天来，我想他可能有点不正常。一个年轻人，天天去单位上班，他去居委会干嘛，早出晚归的，哪有功夫到居委会来。现在，一个高档的商品房小区，服务基本是由物业管理的，什么保洁、保安、保修、保绿等，这些服务都到位以后，他对居委会工作基本是没有概念的。你不要把居委会想得多伟大，显得神通广大，有多重要，没有什么重要的，对这一点，我们一定要有清醒的认识。所以，我们的服务理念要更新，要更加符合高档商品房小区的特点，要创新方法，才能为居民服务好。

要把服务重心放在"哄哄老人"上。高档商品房小区的服务对象最重要的是老年人群，现在老年人越来越多，有的小区已占到三分之一了。这些老人退休在家，能量不得了啊，他在家里不出来是要闷死的，但他也不可能天天去旅游，也不可能在家里天天搓麻将的。对这种情况怎么办？我们居委会就要顺应老年人群的这种需求，利用居委会自治家园的优势，开展为老服务工作。可以把这些老人组成不同的团队，组织这些团队从早到晚在社区各个角落参加活动。就拿楼组长、团队骨干、居民代表等人来说，也都是一些积极的老人，如果把为老服务工作做好了，那么，居委会 60% 的工作就做好了。

在“四老服务”中，我把老有所为放在最后，而把老有所乐放在第一位。为老年人提供快乐是我们居委会需要重点考虑的事情。老年人需要什么快乐，居委会就应该提供什么样的服务。社区大妈喜欢跳“广场舞”，她们觉得跳“广场舞”快乐，我们居委会就为她们提供各种条件，帮她们协调解决跳“广场舞”遇到的各种问题等。第二个是老有所健，健康和快乐是一对孪生姐妹，跳“广场舞”会令大妈们更健康，生命在于运动嘛。但是，我说的这个健康有两点：即身体健康和心理健康。我们居委会是教育人，引导人的，我们在支持大妈跳“广场舞”的时候，也要有适当引导，让她们既快乐，又健康，达到身心健康。第三个是老有所学，活到老学到老嘛。老年人学习为了什么？是为了颐养天年，为了晚霞更灿烂，为了人生更精彩，走好他们最后的一段路。许多老年人非常珍惜学习机会，只要我们居委会提供了这样的学习平台，老年人就会来的。人都是会感恩的，你为他服务好了，反过来他也会为大家服务的。一些老年人发挥自己的一技之长，发挥自己的余热，为他人服务，为社区服务，这就是老有所为了。最终的结果是我所需要的，为他创造快乐、健康、学习的环境，最终达到老有所为，人人为我，我为人人，这就是我们社区工作者所期望看到的情况。比如，有一位退休的音乐老师，她为我们组建一支合唱队，免费教大家唱歌，这样既解决了资源问题，又解决了资金问题，最终是大家走出小家，融入大家。

我们服务的另一个重点放在“骗骗小孩”上。服务小孩的黄金时间段就是暑假、寒假，主要是暑假，寒假稍微短一点，大量的亲子活动，还有暑期工作，学生的社会实践要敲章的。

五、居委会工作法

我在居民区党组织书记、居委会主任工作岗位上感受到，居民区工作千头万绪，有些工作错综复杂。因此，要做好居民区的工作，首先要解决居民区各种矛盾和问题，要引导居民参与社区建设和社区自治。要居民感到社区和谐，必须要有一套行之有效的群众工作方法。因此，我经过多年的探索和实践，总结了 36 法为代表的系列群众工作法，并在实际工作中为凝聚居民人心、引导居民参与、促进社区和谐、提升社区品位、推进民主建设等方面，发挥了积极有效的作用。

工作方法一

时时体察居民需求、事事维护百姓权益，寓管理于服务之中，以服务为宗旨、认同为核心、文化为媒介、活动为载体、和谐为目标，全力打造中外居民快乐的自治家园。

1. 总体把握“十二 Qin(g)”

社区民情掌握抓好三“清”

人头清（每户基本情况）

资源清（社区可用资源）

头思清（工作思路到位）

社区居民交往立足三“情”

个人生日祝福信送温情

重要节日感谢信显深情

传统假日慰问信传友情

社区文化特色注重三“倾”

倾情培育文体团队

倾力打造品牌活动

倾心凝聚社区居民

社区服务意识练就三“勤”

串门入户，了解民情勤

及时答复，回应问题勤

宣传法规，推陈出新勤

2. 条线工作把握“十二 xiao”

社区价值观教育，善于三“小”

善于讲清“小道理”

善于宣传“小人物”

善于开展“小活动”

小区综合治理，突出三“晓”

治安防范要知晓

违法乱纪要分晓

邻里和睦要明晓

社区文明创建，强化三“效”

环境文明要长效

秩序文明看成效

服务文明讲实效

社区安全防范，做到三“消”

消除治安工作漏洞

消灭消防安全隐患

消减实有登记空白（三个实有，即实有人口登记、实有房屋登记、实有单位登记）

3. 品牌工作把握“十二性”

抓活动品牌方面

文体活动突出参与性

主题活动突出引领性

志愿活动突出经常性

带队伍品牌方面

语言的艺术性

队伍的灵活性（AB 角）

能力的综合性

建制度品牌方面

坚持学习制度的长期性

坚持听证制度的开放性

坚持考核制度的科学性

优项目品牌方面

关注项目需求的针对性

关注项目实施的操作性

关注项目内涵的延伸性

工作方法二

1. 培育“三感”

培育荣誉感。人都是有荣誉感的，居民区自治家园做好了，被市里、区里评上先进了，这是一种荣誉。居民群众之间肯定有个比较，我的比你好，我的这块招牌是实打实的，我的荣誉感肯定比他要强啊。现在买房看两个，一看房子的品质，二看物业的服务，房屋能不能升值，和物业服务水平有很重要的关系。

培育责任感。领导把我安排到这里工作，我就要把工作做好，这是我的责任，对居民群众来说也是这样，也需要共同努力把小区建设好，小区是我家，发展靠大家，我爱我家。

培育归属感。小区的物业水平提高了，管理规范了，小区房价比同类型小区升值了，居民群众就会出去说：我们小区怎么怎么好等。有句话讲得好，金窝银窝不如自家的草窝，这就是一种归属感。因此，作为一个社区工作者，一定要把居委会当成家，那么，居民群众才会把自己当作家的主人，才会同心协力地把这个社区工作做好。

2. 抓好“三引”

舆论引领。居委会是做人的工作的，做好正能量的舆论引导工作是很重要的，比如，我们讲要加强人口管理、三违整治等，就是要通过正确的舆论，去引导业主不违章搭建、不搞“群租”等，齐心构建中国梦。开展党的群众路线教育实践活动，就是正确的舆论导向。如果没有正确的舆论引导，一些人就容易走偏方向。

作为引导。作为决定地位，地位决定经费。如果你没有什么作为，居民不认可你，那你就没有向心力、凝聚力，你在领导那里也不会得到重视。

方式引新。为民服务的方式不能一成不变，过去“进百家门，连百家心，解百家难”的方式，在高档商品房小区已经行不通了，现在是“脸难看，门难进，事难办”。进人家门难啊，居民家里很干净的，我们去要带上鞋套，再难进的门也要进啊，否则怎么为居民服务呢？现在，我们要面对的一个最迫切的现实，就是停车难问题，要顺乎民意，体察民情嘛，老百姓买了车没地方停怎么办，居委会肯定要解决这个问题。但是，居委会不能做违法的事情啊。《绿化管理条例》规定，你调整绿化可以的，你减少一个平方的绿化，必定要增加一个平方的绿化，要不然你是违法行为。你不要以为这事是街道或者镇政府说的，你就可以去做了，不可以的，过去是为民做主、替民做主，现在是由民做主和让民做主。那么，你现在就要通过召开听证会、协调会等，争取大多数居民同意后才能去做，这里面有许多文章要做。汤臣豪园小区有一个安装卫星电视的案例：

小区开发时，开发商承诺有卫星电视，事实是小区从2000—2006年一直享受免费的卫星电视服务（开发商从北面的汤臣高尔夫园区借用信号到汤臣豪园小区）。由于政策原因，从2007年开始不允许借用信号。为了履行承诺，开发商出钱为小区安装卫星电视接收信号设备并提供了几个免费频道，但是，这比原先的频道少了许多。业委会把这件事情如实告诉了全体业主，考虑到既不能违法又要尊重国际化社区居民的实际需求和以往历史，通过发放表决票形式，经全体业主表决通过小区需要继续维持接受卫星电视信号的决定，并通过征询大家的意见，从中挑选居民选择最多的五个频道作为付费频道。

继续开通卫星电视的决议通过了，接下来如何付费又成为矛盾了。业委会主张按月向每户居民收取，但是许多居民反对，特别是一些老年居民，他们认为我不需要收看卫星电视，为什么要付费，矛盾一触即发。

居民把这一矛盾放到相约九号进行讨论，居委会听取大量居民意见后认为，我们既要保证小区居民能收看卫星电视，又要保证解决收费问题。居民提出的问题很实际，一方面有许多居民确实不看卫星电视，另一方面，许多房屋空关，这种情况要求物业每月向居民收取卫星电视费用肯定不能操作。于是，居委会协调业委会，提出小区卫星电视费用由小区公共收入支出的意见，业委会研究同意后，将方案提交全体业主表决，结果，方案获得业主的支持顺利通过，一场收费问题风波解决了。

这样一来，卫星电视费用由小区公共收支出就成了小区的小宪法，以后哪怕卫星电视涨价，业委会每年还是付的，问题就此解决了。因此，你在解决一个问题的时候，方式方法很重要，它随着时间、地点的改变，方式也是不同的。

3. 具备“三力”

具备现场拍板的魄力。这个对居委会书记和主任来讲是比较重要的。我们在调解居民各类矛盾的时候，要经常去现场处理，比如，到现场处理违章搭建、楼上楼下漏水矛盾，你只有到现场去看了情况后才有发言权。因此，现场办公是非常重要的。在现场解决矛盾的时候，就要看你这个书记、主任能否现场拍板了。打个比方，楼上楼下滴水问题，通过你的协调，楼上同意将空调移机，以解决滴水问题，或是拉一根空调滴水管什么的，这时就看你现场的魄力了，比如当场决定，由物业或者由业主之间当场解决等，有时候你当场不拍板，有的人一觉醒来又反悔了，这个矛盾就不好解决了。

具备灵活处事的能力。有些矛盾纠纷的解决要根据实际情况灵活处理的，如违章搭建矛盾处理。其实这个问题是城管、房办管的，但是，城管不管，房办不办，邻居之间矛盾就发生了，你居委会就得管了。作为居委会，是情理法、人情化操作，这是要灵活处事的。在违章处理中，如果双方都有一个折中的办法，在不影响大家、不损害公共利益的情况下，特别老城区，还是要人性化处理的，他们也是解决实际困难啊。我们汤臣高尔夫别墅区每家每户都是独立别墅，500 平方米的房子，有的翻盖成 1 000 平方米的都有的，如果不灵活处事，矛盾是很难解决的。

具备协调各方的合力。你去解决违章搭建，或者空调滴水的矛盾时，要具备协调城管、房办、物业及有关部门的能力。社会上有一句话：公事公办、熟人先办。按照法规，在建违章两小时到场，建好的违章两天之内到场。如果你的协调能力不行，有关部门会推三推四的；如果你和他关系好，帮个忙，他立马就过来了，这就看你如何协调各方的合力了。像这种违章，我们一定要将其整治在萌芽状态。一旦造好了再去拆，成本有多大，他有损失，你也有损失。你的协调能力强，各方面都走得通，什么城管、房办、物业公司都能搞得定，形成一个合力，就能把问题化解在萌芽状态。要是建好了，再去拆，你就得走程序，那么，他就是坐在屋里，拿着刀子抹脖子的，那时候大家就没法谈了。因此，我们一定要下手早，下手快。

这就是现场拍板的魄力，灵活处事的能力，协调各方的合力。

4. 练就“三勤”

走街串巷体察民情勤。多下到小区走动。居委会工作者不能整天坐在办公室里，必须经常到小区去多走走，多看看，多听听老百姓的意见建议。现在环境变了，进老百姓家里难了，但是进小区还是可以的。经常进入小区了解民情，可以接地气，和群众搞好关系，有利于开展群众工作。再说，多到小区走走，还是健身，工作健身两不误，何乐而不为呢？

研究政策解决问题勤。在整治“群租”中，有了新规定，卫生间不能住人，厨房不能住人，不能改变房屋的使用用途，客厅里面不能增加卫生间等，这政策啊，你都要研究掌握，你自己都不懂，怎么去服务大家，管理大家啊。

宣传发动思想工作勤。研究政策是为了宣传政策。现在有许多“群租”的，你要向他们勤宣传，把新的政策传达给他们，哪些能做的，哪些不能做的，让他们自己清楚。如果你不宣传，不告知，就对他们进行联合整治，那损失就大了。有一句成语：狗急跳墙，你只有宣传工作到位，解释工作到位，他们会理解的。不然，肯定会跟你对着干，天天来居委会和你吵架，你还有多少精力去管啊。

5. 巧用“三善”

善于协调各方关系。居委会要善于协调与物业公司、房办、业委会等的关系。

善于利用社会资源。居委会没钱也没权，但是居委会有资源，就看你会不会利用。我们第一次“相约九号”活动花了3.5万元，第二次活动，我就开始整合资源了，我们周边有好多家银行，我每月让它们排着队来社区。比如，10 月 9 日由浦发银行过来，那么，就由他们提供一等奖、二等奖、三等奖等，有时在活动中，我们为退休居民过集体生日，这个生日礼物也是由银行等单位提供的，银行不仅有钱，而且现在银行也有金融服务下社区的任务，你和他联合举办活动，由银行等单位来提供经费或奖品，他们完成了宣传任务，居民也了解了金融知识，得到了实惠，一举多得。

善于发动组织群众。我们“相约九号”活动都是群众自娱自乐。比如，太极拳队的队长原是浙江衢州市人大常委会的，他为了拳队，自己出钱向名师请教，练习太极拳着迷了。现在他已 70 多岁，身体非常健康，还热心地带领大家练习太极拳。我的“相约九号”活动有 9 大板块内容，一个是“九号聚百姓”，第二个是“主题月月新”，如，一月是雷打不动献爱心捐款活动，一年总结会，迎新春展示会；二月是元宵节庆祝活动；三月是妇女节；接下来几个月可以是健康服务、金融理财服务、文体团队展示等；六月是亲子活动。我每年 12 个月的主题活动排得满满的，共建单位来了，奖品不要我出，每个月 9 号都会给当月生日的退休居民过集体生日，一张贺卡，两包长寿面，一个杯子。“相约九号你我他，健康快乐每一天”。我们这个“相约九号”从一个活动的平台，变成了一个议事平台，一个自治的平台。小舞台转出了大和谐。

6. 强化“三联”

联办活动，共享民乐。活动要各方举办，我们居委会的所有活动都要联合物业、业委会，不要一家包办，一家独大，要不然你做好了，人家也不会说你好的。

联席会议，共议民事。有一些社区公共管理的事情，需要学会用联席会议方式去解决，要形成联席会议制度化，定期研究，形成合力。

联处矛盾，共促民和。我们的工作就是处理老百姓矛盾。比如漏水了，楼上楼下协调好了，你物业马上给他们修管子，大头你出，小头我来，人工就免了，居民一看居委会给我们办了实事，就会认可你的。

7. 突出“三创”

创新服务的理念，为居民提供个性化的服务。

创新服务的内涵，不要为了服务而服务，要实行人性化的服务。

创新服务的方式，要因地制宜，根据不同居民的多元要求，提供相应的服务方式。

8. 注重“三倾”

倾心服务居民。心系居民，真情服务。

倾情培育团队。团队是你的助手，也是你的队友，团队的领袖非常重要，如果团队领袖是你的队友，那么你的工作就会得心应手；如果团队领袖是你的对手，天天给你闹事，那么你的工作是如履薄冰、如坐针毡、寸步难行。当团队和你在工作上有矛盾时，你不要说团队不好，要换位思考，有可能问题出在自己身上，那就要调整自己的工作方式了。

倾力打造品牌活动。每个居委会都要根据实际情况开展品牌活动，要打造一居一品。我们的“相约九号”活动，在我这边成功了，你那边未必成功，有可能水土不服的。

9. 营造“三心”

让老人开心。我前面讲了，要学会“哄哄老人”，就是要让老人开心嘛，让他们安度晚年，健康愉悦每一天。

让子女放心。老人的子女是不关心社区的，但有两件事情肯定是由他们来完成的，一件是业委会的选举，另一件是物业公司的选聘，业主基本上都不会是老人，大多数老人没权利签字，但是老人认同了，他们会跟子女讲的，会为居委会做宣传，实际上，你搞定了老人就是搞定了他们的子女，让他们的子女也放心了。

让社区同心。社区的工作，老人们愿意去做，通过老人的认可，来影响他们的子女也去关心社区的事情，许多社区的事情就好办了。那么，社区肯定就会同心了。

目　录

第一章　自治机制的新探索

第二章　自治规则的制度化

第三章　自治体系的规范化

第四章　自治主体的再构建

第一章

自治机制的新探索

拓展“三会制度”提升自治功能

五里桥街道紫荆居委会

紫荆居民区位于黄浦区西南角，2010年世博会企业馆和卢浦大桥就在紫荆居民区旁边。居民区由三个小区组成，有居民4 500余人，其中党员600余人。因为大部分房屋建成于20世纪90年代，所以，紫荆居民区的成长几乎与社区建设发展最快的20年同步，深刻体会到居民区工作的挑战：在群众诉求日益多元、多样、多变的当前，如何发挥党组织在基层的核心作用，如何引导群众开展广泛生动的基层民主自治实践，让大家携手共同解决与自身利益密切相关的大事小事，是我们考虑最多的问题。经过近几年的不断思考与实践，逐步探索出以党建为引领、依托“三会”平台、深化推进基层民主建设的路径。

一、完善“三会”制度，建设“三会苑”

在居民区党组织的领导和居委会的直接指导下，我们发挥广大党员的引领作用，积极探索社区发展的新模式。20世纪90年代末，由听证会、协调会、评议会组成的“三会”制度萌生于紫荆居民区。刚开始的时候，有些居民认为这是作秀、走过场。为此，居民区党总支带领党支部、发动党员，充分发挥先锋模范作用，带动广大群众一同参与居民区方方面面的建设，取得了良好效果，一个个实实在在的问题得到有效解决，让居民尝到了“甜头”，十年的经验累积，打下了良好的群众基础。大到设施改造、环境维护，小到一个健身器材的安装，都让居民参与讨论，在公开透明中协商、决策，越来越受到群众认同。

世博会前后，紫荆居民区在“创先争优”活动中，积极开展区域化大党建，结合社区实际，推出党员“十大岗”活动，为服务保障世博大局做出了贡献，荣获中共中央、国务院授予的“上海世博会先进集体”称号。在党组织的坚强领导下，基层群众热情投身于居民区自我建设中，“三会制度”的运用越来越成熟，效果越来越明显。

“紫荆新苑”小区进行“平改坡”等多项政府为民办实事工程，总投入1 200万元。在整个工程中，单就确立外墙颜色就开了5次听证会，内容包括初次方案、颜色确定、颜色修改、上墙评选、最后公示、统一方案。施工中，房管办、居委会、业委会、物业、民警、施工队召开的协调会总数达到千次。经过8个多月的施工，在结束时召开了一次评议会，有些居民提出施工结束后部分楼层外墙开裂、屋顶渗水等问题，经过协商，当场确定：两年内有问题，居民可以找物业公司，再由物业公司负责与施工方联系解决；两年后则由业委会、物业公司承担维修和保养责任。通过全程与民协商，让政府的实事办好，好事办实。

随着城市的快速发展，居民群众的需求也日益多样，在召开“三会”的过程中，会出现听证会开好居民还有意见、协调会开好工作还有拖拉、评议会开好过一段时间老百姓还会不满意的现象。如何改变现状？经过认真的思考与实践，我们认识到要使“三会”制度真正落到实处，必须更充分地发挥党组织的引导作用，抓好三个环节：一是会前的议题收集。确保“三会”的议题选择具有针对性，同时充分发挥居民的主观能动性，聚焦热点议题。二是会中的现场讨论。积极有效地引导居民参与现场讨论，采纳或接受居民的意见、建议，引导居民用民主协商、自主决策的方式解决自身的问题，增强他们的社区主人翁意识。三是会后的监督落实。在由相关部门参加的“三会”召开后，组织居民对有关工作落实情况进行有针对性的跟踪、监督、评议，使居民更明确地认识到自己在社区建设中贡献的价值。

为了抓好这三个环节，在工作中想方设法尽可能地贴近居民区实际。紫荆居民区是新型商品房小区，居民有“三高”特点：素质高、要求高、民主意识高。我们用民主化管理“三会”制，让居民“自己的事情自己管、自己说了算”，并进一步开创了以听证会配套公示制、协调会配套负责制、评议会配套承诺制为主要形式的“三会配三制”来发挥居民“三高”的作用，拓展了民主自治，赢得了老百姓的肯定，使“三会”制度真正成为居民区建设和管理的法宝。

2011年初，居民提出，要在紫荆新苑中心花园处的水泥凳上铺木板，于是，党总支指导居委会，在会前收集议题后召开了由业委会、物业、施工队、居民代表参与的听证会。听证会上，居民们对木板怎么铺，是平铺还是交叉铺，平铺的缝隙有多宽，都讨论得热火朝天。最后确定1.6厘米，既照顾到小孩手指不会被夹住，又照顾到老人坐着舒服。会议一致决定“听大家的”。会后在小区“公示栏”公示，让更多居民了解。在施工期间，居民代表一直在施工场地旁监督，甚至拿着尺子在那里量，施工队也丝毫没有马虎。在这过程中遇到矛盾，经过协调后明确责任和时间的约定。整个工程完工后，工程质量好，木板间距丝毫不差。在评议会上，居民们表扬了施工队，施工队也在会上承诺，按照施工行业条例，一年内有问题由物业公司负责与施工方联系，一年后则由业委会、物业公司承担保养与维修的责任。

“三会配三制”使“政府想做的”与“群众想要的”达成了高度一致。让居民参与社区事务，让居民有当家作主的感觉，让居民没有后顾之忧，让基层组织赢得居民的信任。其有效作用获得了领导专家的肯定，紫荆“三会苑”被上海市民政局评为“居委会自治家园示范点”，负责接待中外来宾，赢得了好评。

二、拓展“三会”制度，建立“自治家园理事会”

在多年党建工作实践基础上总结提炼的五里桥街道党组织“4+1”工作法，探索和实践“组团式服务、民主化管理、区域化支撑、群众性评议”，加强机制保障，为基层社区明确了如何整合社区资源，全方位领导、宣传、稳定、凝聚、服务于群众，让群众的自我管理、自我教育、自我服务真正落到实处。在市民政局和市社区发展研究会的指导下，五里桥街道的有关部门与上海市委党校的专家成立课题组，开展“自治家园提升与拓展项目试点”。以此为契机，紫荆居民区进一步拓展“三会”制度，在“紫荆居委会自治家园示范点”的基础上，成立“紫荆‘三会苑’自治家园理事会”，充分体现了居民自治与街道社会组织以及居民区群众团队的有机结合，让基层民主自治工作再上一个台阶。

自治家园理事会的工作目标，是为增强居民的社区意识和参与意识，提高居民的民主自治能力，共同建设整洁、文明、和谐、快乐的紫荆居民区。“紫荆居委‘三会苑’自治家园理事会”人员是由紫荆居民区自发形成的群众性团队，通过民主推荐或民主选举的方式产生，在紫荆居民区党总支领导下和居委会指导下，自主开展工作。

理事会的工作基础是以紫荆“三会苑”自治家园来拓展其工作范围，充实其工作架构，完善其工作机制，整合紫荆居民区现有各种群众性自治团队的资源，承接街道各种社会组织的资源。理事会的工作任务是协助居委会有效地组织居民区的居民参与社区事务的民主管理和民主决策，有序地开展听证会、协调会、评议会，进一步提升居民自我管理、自我服务、自我教育和自我监督的水平与能力。理事会下设一站、二社、四会，分别为：康乐驿站、爱心服务社、晚霞服务社、花儿朵朵联谊会、邻里和睦委员会、平安守望委员会、美化环境委员会。

理事会“一站、二社、四会”分别与街道社会组织以及辖区单位和群众组织对接，如康乐驿站与街道文体团队联合会和居民区十支文体团队（合唱队、舞蹈队、健身团队等）对接；爱心服务社与街道爱心共助会和居民区健康小组、老年协会分会、小区党支部对接；晚霞服务社与街道老年协会和居民区邻里点、兵妈妈志愿者对接；花儿朵朵联谊会与五里桥街道计划生育协会和居民区妈妈志愿者团队、紫荆计生分会对接；邻里和睦委员会与街道居家养老服务中心和居民区五十七位楼组长、五位一体工作组对接；平安守望委员会与街道爱心志愿者协会和居民区两支巡逻队对接；美化环境委员会与街道业委会主任联谊会、街道物业经理工作联合会和居民区业委会主任、小区物业经理、文明劝导队对接。

三、自治家园理事会的功能初步显现

紫荆居民区是由紫荆新苑、卢湾城市花园、鲁班公寓三个纯商品房小区组成。社区内组织结构和利益关系错综复杂，社区公共事务必须有一个有力的领导核心和畅通的处置渠道，紫荆居委以民主协商代替直接管理，通过“民主化管理”建立基层党组织领导的充满活力的基层群众自治机制，充分调动社区利益关系自我协调的主动性，如通过实实在在的民主运作，召开“三会”事前听证、事中协调、事后评议，使广大居民群众拥有了社区事务的参与权、监督权、评议权，在全过程参与社区事务的过程中感受到自己是社区的主人。这样，居民群众民主意识强了，居民素质也得到了提高。“紫荆‘三会苑’自治家园理事会”的成立，为我们社区推进居民区民主自治工作再上一个台阶打开了一扇门，在近段时间试运行中即开始体现良好效果。

在规划建造新的社区文化活动中心时，城市花园居民担心会受到影响，美化环境委员会成员在第一时间收集了居民意见，从维护居民利益出发，向街道及时反映，希望在建设方案中考虑居民群众反映的问题。街道在听取居民群众的意见后，及时调整了建设方案并告知居民，使居民群众放下心来。

在紫荆居民区活跃着各种团队，他们把快乐带给更多的居民。2012年9月25日是新黄浦首届邻里节，紫荆居委“花儿朵朵联谊会”开展了“和美家庭、和睦邻里、和谐紫荆”主题联谊活动。通过邻里节的活动，动员广大居民群众走出家门、敞开心门、融入社区，促进邻里和睦、家庭和谐、社会和谐，搭建邻里相互了解、交流沟通、增进友谊的平台，推进和谐社区的建设。

金秋十月，迎来了我国第23个敬老节。紫荆居委把敬老爱老工作作为社区一项特别重要的工作来抓，各工作委员会纷纷行动起来，爱心服务社组织小区的在职党员献爱心，自集爱心款慰问社区中的老人；晚霞服务社为小区80岁以上的186位老人，90岁以上的25位老人挨家挨户送上甜糯可口的重阳糕；美化环境委员会动员居民将家中养的花卉拿出来，装扮小区，营造氛围；康乐驿站组织健康知识讲座，为老人讲解科学养生经验并由戏曲、舞蹈队为老人表演节目，把快乐、幸福带给老人，并祝愿老人们健康长寿，节日快乐。

有个党员居民，平时不太关心社区的事，他90多岁的老母亲去世后，爱心服务社代表居委会送去了关怀，帮助料理其老母亲的后事，使他深受感动。自此后，他主动出来参与社区的各项活动。还有一位80多岁的老党员，是社区的热心人，因突发疾病去世，追悼会由其原单位主持。在追悼会之前，晚霞服务社社长要求该单位在悼词中增加该党员在社区中的所作所为以及所起的模范作用，此要求深受主持人的赞赏，称赞五里桥社区不愧为全国先进社区。晚霞服务社、爱心服务社认真关心离退休后回到社区的老人，在节假日以及中国传统民俗节日中，上门探访慰问困难家庭和患大病、重病的居民，给他们送去政府、组织的关怀和温暖，让广大社区居民群众深深体会到社区组织的关心，感悟到社区是我家，情暖千万家。

推进民主自治　共建社区家园

南京东路街道承兴居委会

2009年底，为了全面演绎上海世博会“更美好的城市，更美好的生活”主题，市民政局下发了《关于推进本市“迎世博居委会自治家园”观摩点项目的通知》，承兴居委作为老式里弄的典型代表，有幸成为黄浦区两个观摩点项目的承办者之一。

承兴居委地处北京西路、黄河路、新昌路和青岛路之间，巴掌大的小区中共有337幢房子，其中还有100多年历史的老式石库门建筑；有近1 892户人家，6 174名居民。在多年的探索实践中，我们居委会大力宣传“我的家园我做主”的理念，不断加快居民自我管理、自我服务、自我教育的进程，推动社区管理模式从“政府出资、居委唱戏、群众看戏”，向“社会资助、居委搭台、群众唱戏”转变，为探索建设新型社区生活家园尽了一份绵薄之力。世博会期间，我们共接待了来自美国、英国、法国、加拿大、日本等国家以及香港地区和国内各省市、上海各区县的宾客30多批，共677人次，使世博参观者、考察者走进普通百姓的日常生活，通过聆听小区居民自治情况和群众真实生活故事、观摩社区志愿者参与自治家园建设的原生态场景，展示了社区公共参与、公共治理等富有特色的基层民主自治机制，用最生动的事例，形象地诠释了上海世博会的主题。

一、争取政府支持，优化“家园”环境

为办好世博会，黄浦区和南京东路街道将自治家园建设作为世博期间展示城区形象的重要窗口，各级领导都高度重视并给予关切。借此东风，我们居委主动请缨，积极争取成为民主自治家园观摩点。当得知我

们居委建设民主自治家园观摩点项目被列为区民政局和街道办事处2010年实事项目，街道办事处将投入近200万元整修整个小区的弄堂路面和建筑立面，调换居民楼的大门；对小区托老所、洗衣房进行大修，并添置设备后，我们借势动员居民和社区单位共同参与创建，为小区的环境建设出谋划策。如小区整治中，原计划安装统一晾衣架，但在统计时听居民反映家门口太阳少，还是自己原先的绳子好，于是马上实地调查，最终群策群力，建议改成统一拉钢丝绳，老弄堂的“特色”晾衣架成了石库门的一道靓丽风景线。通过自治家园建设，现在，我们整个小区面貌焕然一新，自治家园不仅得到了硬件支撑，而且也为软件建设奠定了基础。

二、完善工作方式，夯实自治基础

在实践中我们感到，推进自治家园建设，最关键的是让群众参与，让居民满意。与居民有商有量，以亲情、民主方式交流，才能实现真正意义上的自治。因此，我们坚持“群众呼声听在前”“调查研究走在前”“群众意见放在前”的工作方式。对社区重大事务、有争议的难题，我们就积极运用听证会、评议会、协调会，让居民共同参与解决，如小区停车难问题，我们就是通过调查、征询、座谈，了解不同群体的意见和建议，然后通过听证会、居代会表决，最终选择为车主在小区外面找车位，帮助车主解决停车难问题。现在小区内不停一辆车，居民十分拥护。

此外，我们结合全区推广的组团式“零距离联系服务群众”工程，真心听民意，尽心解民忧，虚心邀民评，及时解决群众的“急、难、愁、盼”问题，使群众能充分表达自己的意愿，居委会能第一时间了解群众的心声，也使居委会的工作始终处在群众的监督之下，使大家真切地感受到自己是社区这个大家园的主人翁。如，新昌路328弄3号阳台年久失修，常年漏水，影响二楼亭子间居民的正常生活。了解了实情后，我们就通过组团式“零距离联系服务群众”，让有关单位一起进行现场协调办公，十几年的大难题最终得以解决。我们还根据旧式小区的实际情况，成立了一支德高望重的老舅妈队伍，帮助解决小区的疑难杂症问题。世博会期间，参观过承兴居委的一名世卫组织官员称：走过30

余个国家，100 余个社区，承兴居民区民主自治的“软件”最具特色。

三、丰富活动内容，凝聚社区人心

要使自治家园真正有“家”的感觉，必须设计丰富多彩的活动载体，吸引社区成员融入其中，感受温馨。由居委会倡议组织的“千人相助、百对相聚”活动也已举办四届，从开始起就是由居民自主操办，所有的活动经费、场地、礼品都是由居民自发提供，每人出 2 元，厨房是居民自愿出借，200 多碗寿面由 30 名社区志愿者亲自动手制作，文艺节目由社区学生和居民自编自演。

自 1988 年至今，25 届弄堂运动会是居民相知相识的载体。我们组织开展最具上海弄堂风情的“造房子、打弹子、滚圈子”等“九子运动会”，并精心设计家庭、夫妻、婆媳、邻居合作参与的项目，在丰富居民文体生活的同时，积极倡导家庭和睦、邻里和谐的社会新风尚，营造小区一家亲的浓厚氛围。现在，承兴的“九子运动会”已经成为社区的名片，居委已连续七年承办上海市旅游节“九子大赛”，得到国内外人士一致好评。

居委会还有意识联络新老上海人之间的感情，为小区“和谐之音”添上音符。每年大年初一上午，都要举行居民区外来人员春节团拜会；牵头为在社区“两新”组织工作的外地员工举办婚礼；为外来媳妇举办“亲帮亲，邻帮邻”的募捐活动。已为两位尿毒症和白血病新上海人进行募集，共募集 8 000 多元，解决了他们的燃眉之急，他们分别送来了锦旗。如今，外来人员志愿者为小区老人服务、参加居民区的安全检查、帮助发放居委会的各类宣传品与通知，已经成为居民区自治建设的一支生力军。

四、打造优质品牌，加强居民沟通

承兴居委市民读书会是我们打造的优质品牌之一，由社区居民自发组成，在读书阅报、增长知识的同时，还评议社区事务，商讨社区问题的解决方案。读书会负责人在每月的居民事务例会上反映群众的意见和建议，居委会通过读书会向群众传达街道的工作意图和居委会的工作打算，使读书会成为社区工作从群众中来、到群众中去的有效途径，成为加强居民联系沟通、连接社区资源和群众需求的桥梁与纽带。

“承兴之音”健康广播站是居民的“阿富根”节目，居委会与居民商量把三十个高音喇叭安置在居民的家门口。广播员从由居委主任担任到由居民自己广播，广播稿由干部写到群众送。小区的道德评议台，是由居民自己采访，来弘扬先进，提醒不足之处。居委会还请华山医院教授通过广播进行电话咨询，吸引了中央人民广播电台来采访。

五、居民积极参与，凸显自治成效

我们坚持以提高参与热情、激发活动能量为抓手，不断增强群众的责任感、荣誉感和归属感，使自治家园建设取得较为明显的成效。居委会自治功能进一步加强。在迎博办博过程中，居委会进一步加强与业委会、物业公司、社区民警及居民群众的联系沟通，通过民主协商、众人评议的方式，解决难点问题和矛盾纠纷，将自治工作拓展到社区事务的每一个层面，提高了自治家园建设在居民中的影响力和亲和力。居民的责任感进一步增强。面对服务保障世博的重大任务，居委会在居委干部和社工中达成共识，并广泛倾听群众意见，办好迎博实事工程，让居民深刻感受到办好世博会既是每个市民的应尽义务，同时也与大家的切身利益密切相关，吸收了一大批党员群众加入志愿者队伍，圆满完成了志愿服务、社区维稳、看家护园等任务。居民的归属感进一步提升。通过推进民主自治家园建设，群众的文明素质明显提升，邻里关系也更加和睦。许多居民发自内心地说：“社区就是我的家，居委会工作做得好，我们脸上也增光，居委会的荣誉也是我们的荣誉。”居民对社区的归属感增强了，参与社区事务的意识也就自然增强，开展民主自治的能力也稳步提高。

多年来的探索实践中，我们最深的感受是社区工作必须以人为本，以居民需求为先，只有坚持以民为主，才能实现真正意义上的自治。居委会要做的就是：坚持从居民方便的事着手、向居民关心的事着力、为居民喜爱的事着想，形成居委会与居民的良性互动，使民主自治打牢更深的根基。

让陌生的人熟悉起来
让参与者成社区主人

半淞园街道黄浦新苑居委会

黄浦新苑是个比较成熟的新型商品房小区，总建筑面积 22 万平方米，绿化面积 1.39 万平方米，绿化率达 36%。居民 1641 户，常住人口近 5 000 人。自 2006 年成立社区事务联席会议以来，黄浦新苑一直在居民自治的道路上求索创新，培育居委会指导下的自治载体，于 2010 年成为全市 21 个“迎世博居委会自治家园观摩点”之一。

2011 年 12 月，黄浦新苑又被列为“上海市居委会自治家园示范点”提升和拓展项目确定的 11 个研究基地之一，并于 2012 年初在有关专家的带领下，正式启动调研工作，力争在提炼总结社区自治实践功能和机制的基础上，深化和完善居委会的自治发展内涵，提升和健全居委会的自治运行能力。

一、三位一体，联席议事

三位一体、联席议事的“社区事务联席会议”制度，是黄浦新苑作为第一轮“上海市居委会自治家园示范点”的展示主题，其典型意义在于通过居委会主导的联席会议制度，把社区管理中的利益相关各方和所有积极因素整合到一个规范的自治平台，有效实现在一个陌生人社区的协同自治。作为典型的成熟商品房小区，黄浦新苑居委所面临的挑战是共性的，比如，社区公共事务不断增加与居委会有限工作力量之间的矛盾，比如，社区公共问题协调中的多元主体性与居委会统筹全局能力之间的矛盾，比如，社区居民民主参与需求不断提升与居委会传统工作方法之间的矛盾。正是在这样的背景下，黄浦新苑居委会于 2006 年 4 月探索实施了“社区事务联席会议”制度，由居委会主持，每月召开一次，居委会、业委会、物业公司、社区民警、群众团队代表共同参加，就涉及居民切身利益的问题进行讨论，在构建黄浦新苑“多方参与、民主协商”的社区治理格局中发挥了重要作用。

联席会议这一自治平台的一大作用就是有效凝结了居委会、业委会、物业公司三者的力量，真正做到“三位一体”。在社区事务联席会议框架下，居委会、业委会、物业公司三者精诚团结、通力合作，对于小区存在的小问题，三者各自在自己的职责范围内加以解决；对于小区的大事情，放在联席会议上讨论，达成共识，提交居民会议，形成决议，然后各司其职，分头执行。在执行过程中互相配合、互相支持，决不互相推诿，解决了小区内的许多难题。

社区事务联席会议制度建立六年来，在党总支、居委会的组织引领下，坚持通过协商、沟通的方式解决居民群众的急难愁盼问题，迄今已为小区居民办成实事30多件。志愿者和骨干分子的积极性被充分调动起来，各类群众团队如雨后春笋般涌现，居民们从陌生人到熟人，信任感不断增强，体现了自治家园活跃、参与、草根社会的特点。凭借联席会议，小区公共事务的管理逐步走向民主化、制度化。

二、提升拓展，深化自治

通过实施和推进第一轮“上海市居委会自治家园项目”，黄浦新苑居民的自治意识不断增强，自治基础不断成熟，自治热情不断高涨，通过联席会议这一自治平台培育出来的社区群团组织和自治参与的积极分子不断增加，广泛涉及社区自治事务的各个方面。在推进新一轮“上海市居委会自治家园提升和拓展项目”过程中，居委会深刻感觉到这是一支可以协助居委会有效开展和有序组织社区自治的重要队伍。为此，从2012年初开始，在居民区党总支的领导下，在居委会的指导下，在居民骨干的带领下，大家齐心协力、鼓足干劲，创新社区自治模式，探索创建了“黄浦新苑自治家园理事会”，制订了“我的家园我作主、我参与、我快乐”的自治家园口号，创作了自治家园之歌，在小区里形成家园自治的特色氛围，进一步拓宽了黄浦新苑居委会的自治基础和自治空间，提升了居委会的自治能力和自治水平。

（1）定位准确。黄浦新苑自治家园理事会是在居民区党总支领导和居委会指导下的社区群众性自治组织。理事会的主要任务，是协助居委会有效组织本小区居民有序参与社区事务的民主管理和民主协商，进一步提升社区居民自我管理、自我教育和自我服务的水平与能力。理事会理事应是社区自治事务的发现者、社区自治活动的倡导者、社区自治组织的培育者、社区自治方式的建议者。

（2）功能明确。自治家园理事会的功能主要是对内开展自治活动、提出自治议题，对外拓展自治资源、加强沟通交流。各专业委员会在各自领域开展工作，加强委员会间的交流互动，注意听取、汇集居民有关小区自治发展的意见和建议，切实发挥各委员会的独特作用。

（3）结构合理。自治家园理事会成梯形状组织架构，设理事长 1 名，执行秘书 1 名，下设 6 个专业委员会，分别为环境保护委员会、综合治理委员会、爱心福利委员会、文化教育委员会、文体娱乐委员会、资源开发委员会。各委员会分设主任 1 名、副主任 1 名，下设若干个专业团队，本届理事会目前共设立 23 个专业团队。理事长、执行秘书、委员会主任、党总支书记、居委会主任、业委会主任为理事会常务理事，委员会副主任和各团队组（队）长为理事会理事，本届理事会现共有 11 名常务理事、29 名理事。

（4）制度保障。拟订自治家园理事会章程，明确组织机构、职责分工；建立各专业委员会运作机制，规范委员会活动，促进委员会作用的有效发挥；确立各专业委员会功能及所属团队简介，引导各专业团队有序开展活动；制订居委会推进自治家园工作导则，明确居委会在自治家园推进中的主要任务及联络员的工作职责。

（5）基金支持。为保障自治家园的正常运作和持续发展，理事会特别成立了资源开发委员会，一方面，通过资源引进和文明共建的方式集资集物；另一方面，不断开发社区内人力资源，为自治家园各项工作的开展提供全方位支持。自治基金的建立，使自治活动不再仅仅依靠居委会的工作经费，而是通过工作经费、街道资助、单位赞助、居民自助等多渠道筹集，专款专用。同时，制订自治基金管理规定，确保自治基金筹集、申请、审批、使用、公开的各个环节都规范、透明。

（6）关系清晰。厘清了理事会与居委会、社区事务联席会议的关系，明确联席会议和理事会是居委会做好社区工作的“左膀右臂”。联席会议是居委会、业委会、物业公司三方的议事平台，主要用于讨论小区内需要三方合力解决的各类事务。理事会是协助居委会开展居民自治工作的群众性组织，理事会提出的问题可能需要提交联席会议讨论，联席会议商议的议题也可能需要理事会提供协助。

三、探索实践，初显成效

随着自治家园理事会的建立和运行，小区自治氛围越来越浓厚，既有主动捐献电子钢琴的居民，也有自愿捐献 1 000 元作为自治基金的居民，就连小朋友们，也为家园建设建言献策，基本实现了“两个 60%”的目标，即有 60% 的居民对居委会活动有认知或参与，以及居委会 60% 的工作内容来自居民反映的议题，居民们从熟人到主人，主人翁意识日益增强。理事会成立以来，解决了违规安装防盗窗、私占消防通道、非机动车乱停放等小区难题，涌现了王国强、杜云海、朱国忠、顾孝仁等 7 位领袖人物，组织了邻里节、中秋茶话会、国庆升旗等 10 次社区大型活动，提升和拓展项目成效凸显。

（1）我作主，自主意识持续提升。2012 年 9 月 21 日，黄浦新苑休闲广场热闹非凡，居民们纷纷穿戴整齐前来参加活动，玩弄堂游戏、欣赏居民作品、观看文艺表演，大家感受着家园自治给社区带来的影响和变化。此次邻里节在理事会成员提议下，将街道妇联交办给居委会的工作任务和居民自治活动有效结合起来，向居民和领导展现了社区自治家园转型提升后的新气象。各委员会分工协作，形成合力：环境保护委员会负责在现场设点，做好家庭闲置物品交换利用活动；爱心福利委员会负责发动居民群众参与，做好人员组织等工作；文化教育委员会负责收集居民优秀摄影、书画、编织作品等，进行现场展示；文体娱乐委员会负责安排腰鼓队、合唱队、红绸舞队等特色表演，做好弄堂游戏的准备工作；综合治理委员会负责维护现场秩序，与物业公司一起做好安保工作；资源开发委员会负责向社区单位宣传发动，筹集资金。整个活动，从策划、到筹备、到最后的落实，都由理事会独立完成，真正体现了居民当家作主的参与热情。

（2）我参与，社区难题迎刃而解。小区 9 号、10 号楼居民长期被两件事困扰：一是 9 号楼 104 室居民，来自广东，做文教生意，经常利用消防通道停放数辆非机动车，有时甚至把安全门打开；二是大门口非机动车随意停放，影响居民出行，有时甚至将无障碍设施堵住，存在安全隐患。楼组长把问题反映到综合治理委员会，同委员会成员共商对策。一方面，多人分批到104室做说服工作，由于上门的都是邻居，104室的居民也有点自惭形秽，便改正了不文明行为。另一方面，针对消防通道前非机动车乱停放的问题，别出心裁打弧形划线，留出空间，方便老人靠扶手行走；在非机动车停放处和无障碍通道之间设置障碍标识，保证无障碍通道畅通，解决了长期困扰9号、10号楼居民的烦心事。

（3）我快乐，领袖人物不断涌现。自治家园理事会理事长、业委会副主任王国强，每天早上晨练时，自备捡狗粪的夹子，边行走锻炼，边捡狗粪，成为文明饲养宠物的宣传员和践行者，他的这种精神有力感召和影响了饲养宠物的居民。目前，小区养狗者文明遛狗牵绳、自觉清理狗粪、尽量集中在后花园遛狗的行为蔚然成风，成为小区的一道亮丽风景。

顾孝仁是文体娱乐委员会的主任，为了进一步唤起居民参与自治家园创建的热情，让自治家园的活动家喻户晓，他放弃休息时间，自编了一首《自治家园之歌》，边教大家学唱，边听取居民的意见进一步改进。目前，《自治家园之歌》已经成为小区居民十分喜爱，传唱度极高的一首歌曲。

完善社区治理体系　激发社区自治活力

徐家汇街道党工委、办事处

近年来，街道按照党的十八大、市委市政府“创新社会治理、加强基层建设”一系列文件精神要求，在引领“指导”推进居民自治工作中，根据街居体制的基本特点和社区实际情况，坚持开展居民自治必须“源于居民并服务于居民”的理念，通过自上而下的制度设计与深入社区的居民动员相结合、行政力量支持的自治载体培育与扎根社区的自治力量再组织相结合、专业社工指导与社区自治实践相结合等方法，在培育居民自治载体、推进居民自治项目、构建“三社联动”模式等方面进行了有益的尝试，取得了一定的成效。

一、培育社区自治载体，完善社区自治架构，不断聚集社区自治力量

街道于2013年制订居民自治工作方案，指导29个居委会严格按照“居民区党组织组织民主协商推荐、居民会议通过、小区公示”等程序，成立“居民自治理事会”（以下简称“理事会”），作为开展居民自治工作的载体。通过这一自治载体，首先，有效整合了社区各方的参与力量。理事会整合了居民区现有的居委会、社区民管会、党员议事会、家属委员会、群文团队等各类群众组织，搭建了居委会广泛联系服务居民、居民有序参与社区事务的平台，扩大了基层群众自治的参与范围。其次，规范了社区居民自治参与架构。理事会由居委会成员、业委会主任担任常务理事，并吸纳居民区有想法、有能力，热心参与社区建设，有较强参政意识议事能力，在群众中有一定威信的15～25名居民担任理事会成员，形成居民区党组织领导下的以居委会、业委会为社区自治

核心，有效凝聚社区团队和群众领袖的同心圆自治架构。第三，形成了居民自治议事规则。理事会定期召开会议，集体讨论协商社区事务，履行社区日常事务的议事、参与、评价、监督等功能，会议内容及决定向全体居民公开，通过规范议事及运作规则，使理事会赢得社区群众的认可与信任。

二、开发社区自治项目，引入社工专业指导，不断提升社区自治能力

街道在推进居民自治工作中，始终坚持强化居民自治必须“源于居民并服务于居民”的工作理念。为了培育社区自治意识，2013 年以来，街道以自治项目为抓手，引导居委会协商于民、协商为民，鼓励并培育社区居民参与社区事务的积极性与主动性，有效激发了基层民主活力。一是需求导向，自下而上形成议题。由居委会牵头，理事会负责收集社区中的热点话题、难点问题，确立自治项目的内容和目标，再召开居民听证会、居民代表会议，形成居委年度自治项目。2013 年至今，各居委会共开展了 34 个自治项目，有效回应了“邻里关爱、助老扶残、文化共融、社区环境”等居民重点关注的社区需求。二是政策扶持，为自治赋权增能。街道层面设立了“自治专项经费”，专款用于支持各居委会开展居民自治项目、培育居民自治团队、增加社区参与力量、提升社区自治意识与能级，三年来，共投入近百万元。街道还将“满意在徐汇”走访基层工作与居民自治项目有机结合起来，为居民区开展自治注入更多的社会资源，弥补居委会自治资源不足、能力不强等短板。三是注重自治项目与社区资源对接，做实做好自治工作。依托“徐家汇街道三联盟”平台，将成员单位的资源链接到各居民区，把社区公益项目落地到与自治项目内容相近的居民区，实现多方社区力量参与社区自治工作，为推进居委会自治助力。2015 年，上海师范大学主动参与豪庭居委会“手拉手我们是一家人”自治项目，取得良好反响。四是专业指导，规范自治发展。街道聘请上海东方社会工作事务所为自治项目规范化运作进行把脉，将自治项目管理从原先的“申报与预审、实施与监测、总结与评估”三个阶段，细化为“听证、策划、申报、公示、决议、活动、监测、协调、总结、评议、评估”等 11 项实施程序，并制作了“居委

会自治项目操作手册”“居委会自治项目目录”等规范化的自治工作工具包，为居委会实施自治项目提供保障。

三、探索社区“三社”联动，促进社区公益发展，不断推进社区减负增能

街道坚持“引入社会力量参与社区治理”的理念，积极推进“社区、社会组织、社会工作”联动发展，不断激发社会活力，推动社区减负增能。一是培育社会组织。依托区社会组织孵化园（徐家汇园），共培育了20余家社会组织，并通过公益项目招投标、政府购买服务、项目化服务等方式，引入社会组织参与社区治理，为居委会自治提供专业支撑。二是发展社工队伍。街道专门出台激励政策，鼓励居委会成员、社区工作者积极参加社会工作专业学习和资格考试。目前，街道持证专业社工已有77名，其中社工师23名。同时，街道还针对持证社工开展系统的继续教育培训，并对非持证的社区工作者开展增能培训，培养他们的专业社会工作理念和技能。三是“三社”联动发展。街道通过自治项目与公益服务项目的对接，将社会组织专业资源直接引入居委会，在促进社区融合、回应居民需求、化解社区矛盾等方面发挥了积极作用。如，引入嘉汇物业管理事务指导中心指导80余个小区成功开展业委会换届改选；引入爱加倍关爱服务中心为外来人口家庭开展课后班、暑托班教育服务，为社区老人开展外展老年人服务等。

搭建民情交流自治平台
推进社区自治家园建设

康健街道长青坊居委会

根据党的十八届三中全会“创新社会治理，必须着眼于维护最广大人民根本利益，最大限度增加和谐因素，增强社会发展活力，提高社会治理水平，维护国家安全，确保人民安居乐业、社会安定有序”的重要部署，居委会作为最基层的民主单元，其在夯实基层民主自治中的角色至关重要。我们长青坊居委会通过搭建“民情交流”自治平台，在推进居委会自治家园建设的过程中，通过制订“四定”工作法，从“需求收集、协商议事、主题活动、民情问责”四个板块的自治机制入手，有效发挥了居民在社区自治中的主体地位，实现了居民对社区自治的广泛参与。

一、居民区概况

长青坊居民区的三个自然小区，有三家物业管理公司，三个业委会，既有售后老公房——桂林西街30弄长青坊小区，又有商品房——浦北路388弄康健星辰小区，长青坊小区又分为长青坊（南）小区、长青坊（北）军干所小区。社区总面积7.5万平方米，21幢楼49个门牌号，桂林西街30弄建造于1992年，浦北路388弄建造于2000年。社区总户数近1 000户，人口2 200人。60周岁以上老人510人，优抚对象70人，楼组长49人，社区各类志愿者210人，“五好”文明家庭630户，文明楼组40栋，特色楼3栋。社区内有三家共建单位：徐汇军干所、康健敬老院、湖南敬老院。

自2013年以来，长青坊社区注重以党建为引领，着力推进和完善党组织领导下的基层群众自治机制，设立“民情交流”社区自治平台，建立民情交流自治团队，通过“四个一”的工作机制，即一个电话、一支队伍、一本记录簿、一张意见反馈表，使得居民的需求得到较好满足，反映的问题得到迅速解决，受到居民普遍好评。2014 年，居民区党总支、居委会推进“民情交流日”平台建设，提升工作力度，制订“四定”工作制度，即定人、定月、定向、定责，深入开展社区自治工作。

二、建立自治平台

（1）形成过程。长青坊（南）小区的居民大多为 20 世纪 90 年代的拆迁户，长青坊（北）军干所小区则以军队离休老干部居多，商品房小区为上班族。随着经济、社会的快速发展，居民构成上，老人和外来打工租住的临时住户逐渐增多，人口流动性大，文化程度差异大，社区绿化带内常有乱扔垃圾、乱晾晒、楼道堆物等不文明现象。硬件设施上存在大部分售后公房都遇到的房屋老旧、维修基金短缺等问题，使得聘用的物业公司在管理上捉襟见肘，老小区停车秩序紊乱使得居民常常为一点小矛盾就找到物业公司、居委会，需要协调解决问题，影响了居委会的正常工作。而对于商品房小区——康健星辰，居民的文化程度较高，大多具有较强的维权意识，公共事务参与度低，管理困难。针对以上问题，小区“三位一体”多次召开议事会，但解决效果不太明显。我们党总支、居委决定开门办事，引入各方人员，解决各类问题。

（2）载体类型。为了在社区探索居民共同参与、互动共赢的自治平台，更好地服务居民，我们党总支、居委拓展组成人员，组成一支自治队伍，共同商讨居民的事务。在 2013 年初，正式成立了“民情交流”自治团队，由党总支、居委会统一组织与协调，以“民情交流”为自治平台，由各方居民代表多渠道广泛参与的社区自治模式。“民情交流自治团队”作为居民广泛参与的自治平台，人员由原来的物业公司、业委会、社区民警、志愿者代表、共建单位，发展到老同志、楼组长、党员代表、居民代表、团队骨干组成的多成员团队。“民情交流”自治平台从最初的解决居民房屋维修矛盾，到主动收集居民需求，开展每月主题活动，挖掘社区资源为居民提供服务，接受居民的问题反馈，进行公共事务的决策。“民情交流”真正成为了全方位、多类型的居民自治建设载体。为凝聚社区单位、社区党员、社区居民参与社区建设和管理营造了更多的空间。在两年的工作实践中，逐步形成了以“民情交流日”团队为主体，以各类社区服务和活动为途径，以党总支、居委会为枢纽，以各类人员团队为抓手的“多渠道网格化”自治模式，制订了工作制度，进一步深化了自治理念，提高了社区居民的自治意识和能力。

（3）团队运作。长青坊“民情交流”自治团队，通过“四定”的工作内容，汇总社区需求，制订服务计划，提供社区服务，积累服务记录，从而形成了一套相对成熟的自治工作机制。具体来说，长青坊“民情交流”的自治工作机制主要包括社区需求识别机制、社区议事协商机制、社区服务提供机制和社区信息反馈机制，如图 1－1 所示。

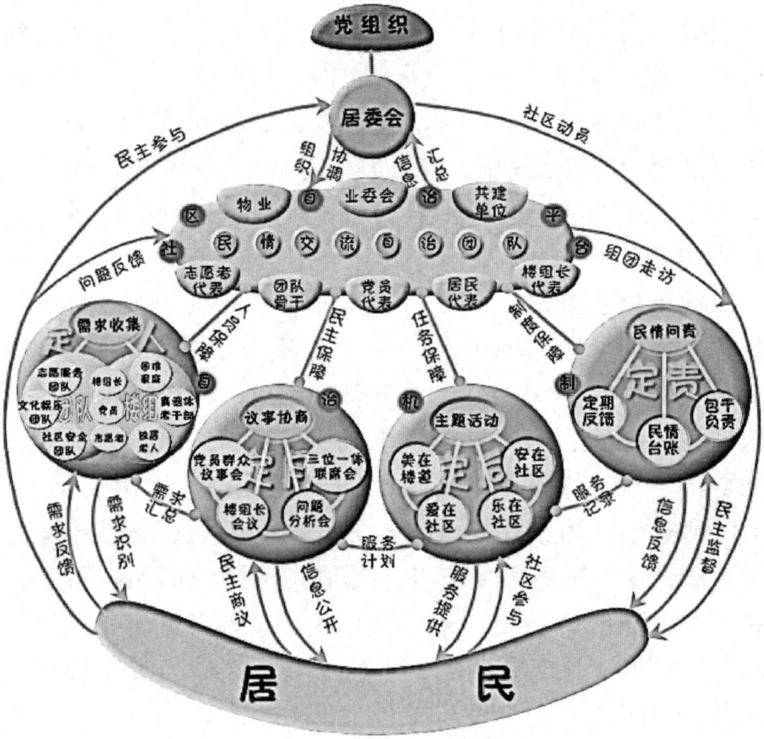

图 1－1　“民情交流”自治团队

第一，社区需求收集机制（需求收集板块）主要通过民情交流自治团队“定人”的工作内容和组团走访工作制度来实现。居委会指导民情交流自治团队每周四 9:00—11:00，“定人”在居委活动室进行接待交流，利用团队自身的代表性和资源，了解、回应居民需求。同时，自治团队成员开展组团走访，以自身与社区居民间的自然身份连接，深入团队与楼组，与居民开展民情交流，倾听居民诉求，进行社区需求收集。民情交流自治团队通过社区需求收集机制，引导居民广泛参与，动员团队骨干和楼组自治力量，为社区自治提供人员保障。

第二，社区议事协商机制（议事协商板块）主要通过“定月”的工作内容实现。居委会指导民情交流自治团队确立议事制度，通过每月定期开展党员群众议事会、“三位一体”联席会、楼组长会议、问题分析会等进行议事协商，对本月走访、接待和解决的问题进行集中探讨，对居民最关心、最直接、最现实的社区问题进行分析，拟订服务方案，并筹划相应居民团队的组建，确定问题处置小组。居委会及时进行居务公开，民情交流自治团队议事会也及时对会议的相关内容及形成的服务方案进行公示，征求居民的意见与建议，实现民主商议。民情交流自治团队通过社区议事协商机制强化居民会议的自治功能，为社区自治提供民主过程的保障。

第三，社区服务提供机制（主题活动板块）则主要通过以团队服务和楼道建设自治载体以及“定向”的工作内容来实现。首先，民情交流自治团队以团队服务和楼道建设自治载体，“定人”深入团队和楼道，动员团队开展弱势群体服务、文化娱乐服务、公共卫生服务，在回应居民诉求的同时，注重丰富居民的精神文化生活；动员楼组离退休老人等自治力量，关注楼组独居老人等弱势群体，突出对居民的人文关怀。而在“定向”的工作内容中，民情交流自治团队以需求为导向，针对社区需求收集机制中收集到的需求与问题，按照社区议事协商机制讨论后，提供相应的社区服务。一方面，居委会和民情交流自治团队通过走访接待、议事协商讨论，及时消化居民反映的诉求；另一方面，针对不能立即解决的问题集中讨论，转化为问题处置小组或开展相应的服务响应居民需求，例如，以“美在楼道”为主题开展楼道评比等楼道建设，以“爱在社区”为主题开展志愿者结对关爱独居老人服务，以“乐在社区”为主题开展促进邻里和睦服务，以“安在社区”为主题开展共建单位与党员共同促进社区建设服务。民情交流自治团队通过社区服务提供机制确定了社区服务方式和内容，多渠道吸引居民参与社区，进行社区动员，为社区自治提供任务保障。

第四，社区信息反馈机制（民情问责板块）中主要通过“定责”的工作内容实现。居委会的居务公开制度是社区信息得以及时反馈的保障。此外，民情交流自治团队实行挂账销号管理，制作信息反馈表，及时收集居民意见，反馈各项服务的开展情况。民情交流自治团队针对日常事务、应急事务及时进行回应并处理；遇到矛盾突出的问题，由团队小组组长进行包干负责，协调落实，并及时进行进度反馈。民情交流自治团队通过社区信息反馈机制，确保了居民对自治工作进行全方位民主监督，为社区自治提供了制度保障。

（4）取得的成果。居委会通过“四定”的工作内容，进行社区需求汇总，制订服务计划，提供社区服务，积累服务记录，从而形成了一套相对成熟的自治工作机制。居委会的自治工作机制主要包括社区需求识别机制、社区议事协商机制、社区服务提供机制和社区信息反馈机制。

在2014年徐汇区“创建全国文明城区”工作中，社区居民自觉遵守居民区“坊规民约”，消除了“六乱”现象，两个迎检点自然小区实现了“美丽楼道”全覆盖，其中在“我家的楼道最美丽”评比中，康健星辰1号楼楼道墙面及栏杆经过重新粉刷后，深得居民好评，荣获徐汇区十佳楼道，居民的开心与家园的自治形成双向互动、良性循环，激发了社区居民的自治意识，丰富了居民参与社区的途径，方便了居民参与社区志愿服务，实现了居民对于社区自治的自主性参与，把社区居民“自我教育、自我服务、自我管理、自我提高”的过程融入其中。现在，小区居民积极主动参与民主自治、参与家园自理，服务于居民。由此，居委会的居民自治工作不再是由几个或几十个社区骨干所进行的自治实践，而是由广大居民主动参与和共同参与的民主过程。

通过梳理“民情交流自治团队”自治机制，实现社区自治力量的全面联动。居委会通过梳理“民情交流自治团队”自治机制，吸纳社区各方代表参与社区自治。通过楼组长收集楼组居民信息，挖掘楼组层面的自治资源；通过党员代表收集社区党员的意见建议，挖掘党员层面的自治资源；通过团队骨干收集团队成员以及志愿者的需求和建议，挖掘居民团队层面的自治资源；通过业委会委员收集小区业主对于小区问题的反馈，挖掘业主层面的自治资源，实现社区自治力量的充分联动。此外，民情交流自治团队通过物业公司、社区民警、共建单位，联络社区外部资源，从而使长青坊居委会实现了社区内外自治力量的全面联动。

以“四定”机制实现社区自治系统化发展，保证社区自治的长效性。居委会通过指导自治团队确定“四定”的工作机制：根据民情交流自治团队收集到的居民需求聚焦社区议题；根据聚焦的社区议题开展民主讨论；根据讨论结果制订社区服务方案并实行；根据服务的提供情况在小区中进行信息反馈。可见，四块工作内容并不是割裂开的，而是一个系统的过程，“四定”机制实现了社区自治的系统化发展。此外，民情交流自治团队通过“四定”机制开展工作，能够切实贴近居民需求，整合社区内外资源，发动居民广泛参与，由此保证社区自治的长效性。

(5) 体会。居委会通过梳理“民情交流自治团队”自治机制，吸纳社区各方代表参与社区自治，挖掘各方人力资源，实现社区自治力量的充分联动。此外，民情交流自治团队通过物业公司、社区民警、共建单位，联络社区外部资源，从而实现了社区内外自治力量的全面联动。发动居民广泛参与，由此保证社区自治的长效性。

依托“民情交流自治团队”开展的居民自治工作告诉我们，社区自治平台的实体化运作需要有完备的工作机制做支撑。其通过“四定”机制的全面落实，使该自治平台能够充分发挥居民自治功能，从而真正实现社区自治平台的议行合一、实体化运作。

居委会以“民情交流日”活动作为居民自治工作伊始，吸纳了众多代表性较强的成员组成民情交流自治团队，动员广大居民投入社区自治建设，从而保障了志愿者队伍的合理运用。

三、启　示

在党的十八大精神鼓舞下，根据2014年市委1号课题，对“上海创新社会治理，加强基层建设”提出了新的要求。长青坊居委会从实际出发，不断地创新思维方式和工作方法，使社区的“自治家园”贯彻整个社区的党建工作。

长青坊党总支、居委会通过搭建“民情交流”自治团队，以“四定”工作内容，实现了居民对社区自治的广泛参与。以“四个一”的工作机制，使居民的需求得到较好满足，反映的问题得到迅速解决。通过民情交流自治平台，达到了收集民情、议事协商、服务民需、责任到人。实践证明，要解决居民区的难题，最重要的是发挥基层党组织的领导核心作用，依托自治平台，充分赋权，将居民自身能解决的问题交给居民自己解决。

民情交流自治团队，用心、用脑、用情，紧紧依靠和发动骨干力量，拿出方案、共商共议，善于联络感情，设身处地为居民利益着想，使居民区工作，遇事有人管、有事大家干、找准自治力量的支点，使自治工作不断取得成效。

社区居民既是社区建设的参与者，又是社区建设的受益者。长青坊党总支、居委会以“民情交流”自治团队为载体，通过各种形式为居民办实事、做好事，培育居民的民主意识、社区意识，形成了“社区事务人人有责、社区资源人人共享、社区活动人人参与”的氛围，让社区居民真正成为社区大家庭中的一员，为社区自治建设和发展注入了生机和活力，既增强了社区居民的凝聚力、向心力和亲和力，又促进了居民区各项工作的健康发展。

完善组织体系　推进社区治理

虹桥街道党工委、办事处

为贯彻落实市委一号课题“创新社会治理，加强基层建设”的总体要求，街道党工委、办事处秉持“坚持、完善、提升”的工作基调，坚持问题导向、需求导向、目标导向，充分调动各方力量参与群众自治的积极性和主动性，实现了组织构架体系定下来、完善机制动起来、提升能力活起来、活动阵地用起来、分类指导亮起来的自治工作新常态和新成效。

一、确定组织构架体系

街道在四年多的自治工作实践中，始终坚持建立健全以居民区党组织为领导核心，居委会为主导，居民为主体，业委会、社会组织、群众团队、物业公司、社区单位、社区民警等共同参与的“1+2+X”自治组织构架体系（如图1-2）。“1”是居民区党总支，是社区各类组织和各项工作的领导核心。“2”是居委会和协同自治联席会，街道16个居委会以第十一次居委会换届选举为契机，把原有的居委会“六小专业委员会”调整为“人民调解、治安保卫、公共卫生、人口计生、互助保障、文体发展”六个专业委员会，便于街道各办公室给予针对性指导，实现街居联动。同时，各居委会根据一号课题的有关精神，重新梳理、确定协同自治委员会的成员，根据工作实际吸纳业委会、物业公司、民警和社区单位代表等加入，以此加强居民区民主协商，对涉及居民区和群众切身利益的重要事项，共同协商决策，推进居民区难题化解和工作开展。“X”指的是在2014年出台的《虹桥街道关于推进党组织领导下的基层群众自治工作实施意见》中，明确要求各居委会成立“楼组、服务、宣传、创安、文体、帮扶评估”六个自治小组，以及各居委会因地制宜，以居民问题和需求为导向，培育相应的自治组织或团队（如图1－2）。

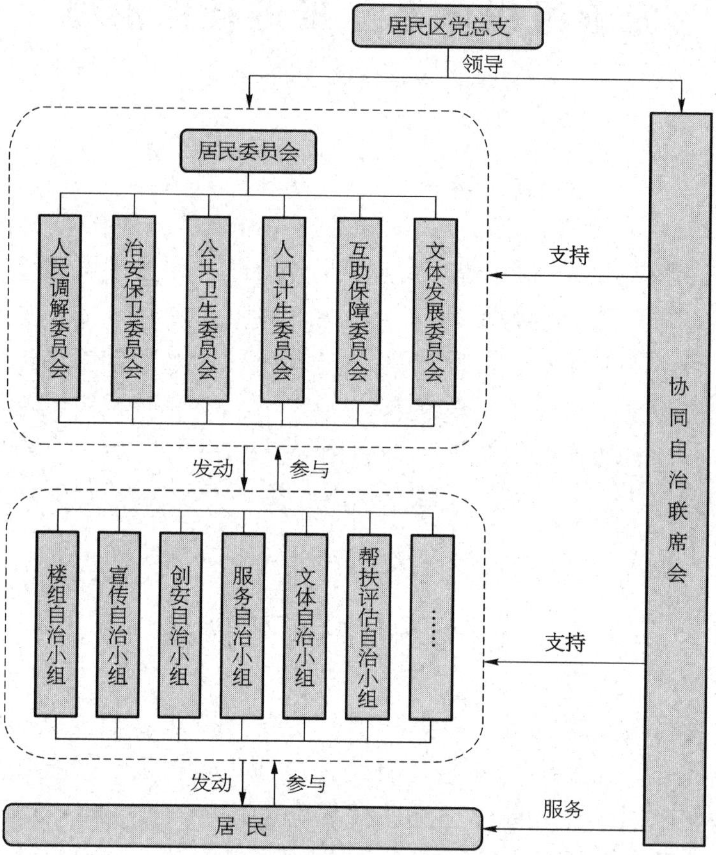

图1－2　居民区党总支组织架构体系

二、完善自治工作机制

为推动自治工作的制度化、规范化，街道致力于通过建立健全自下而上的自治议题和自治项目的形成及评议机制，引导居民区活用以“三会”制度和居民公约为重点、各类议事决策规则相配套的自治规则制度体系，为开展各类自治活动提供支撑。具体包括话题-议题机制：多渠道收集居民热点话题，通过“两委”班子会议筛选符合条件（居民普遍关注、社区力量能够解决、与社区发展息息相关）的群众话题，形成自治议题。议题-项目机制：由居民代表大会审议，将合理、可行的自治议题立为自治项目。实施-评议机制：引导居民自主实施自治项目，并对项目的落实情况进行评议，评议结果向全体居民公开并反馈至街道办事处（具体流程见图 1－3）。

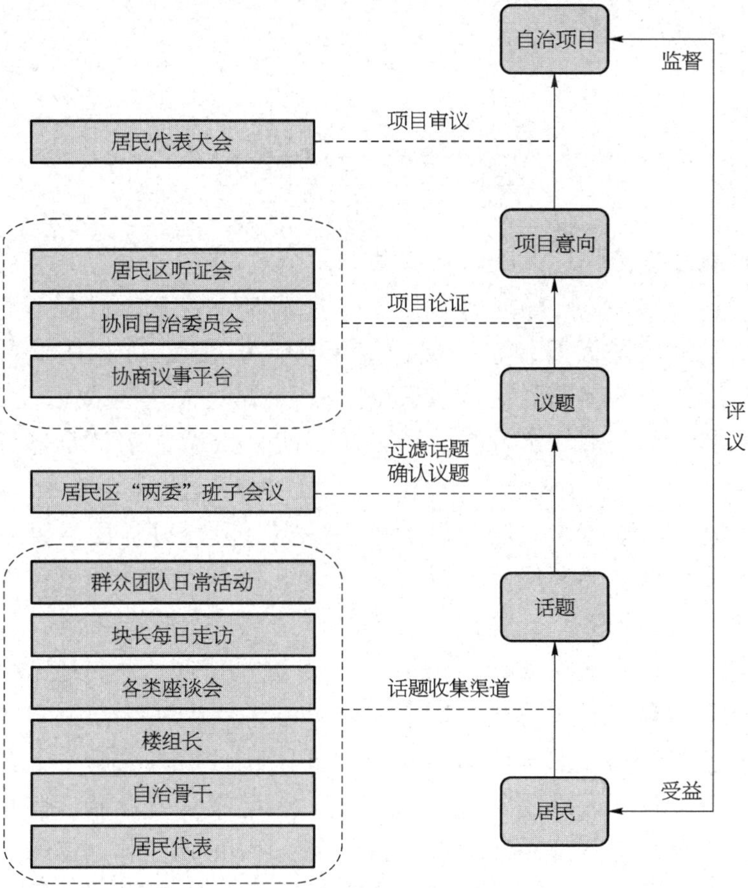

图 1－3　评议工作机制

三、提升自治工作能力

开展基层群众自治工作，关键靠“人”。为凝聚骨干力量，发挥骨干作用，居民区党组织、居委会、社区自治办公室三方合力，从课堂学习和实践学习两方面入手，切实提升自治骨干的工作能力。课堂学习方面，通过高校专家教理论知识、自治带头人传实践方法、有关领导评具体工作、集体讨论解自治难题等，着重提升自治骨干的理论素养。实践学习方面，通过定期召开自治团队（组织）例会，交流工作经验；在条件相对成熟的小区建立自治议事平台，引导居民自主协商；定期组织开展各居民区“六组”间的学习交流、实地参观等，着重强化自治骨干的自治意识和能力。

四、活用工作阵地

（1）通过宣传阵地，凝聚自治共识。一是在94个小区的宣传栏中普遍设立“自治园地”，宣传自治工作的构架体系、工作机制，通报工作近况。二是利用黑板报（包括楼道宣传栏或小黑板），用图文并茂的方式宣传自治工作的优秀做法和典型案例。三是结合各居民区实际情况，利用电子屏、小区报等传统媒介，以及小区公众微信等新媒体开展好宣传工作。

（2）通过活动阵地，培育自治意识。充分利用好居民活动室这一面积最大、利用率最高的居民活动阵地，设立相应的工作制度，引导居民自我管理、自我服务。一是错时使用制，由居委会搭建平台，团队负责人自行商议活动室使用安排，定期发布活动排片表，做到错时使用，确保场地资源的利用最大化。二是定期议事制，活动室除开展各类文体活动以外，还固定时间安排议事日程，召开团队负责人议事会、协商议事平台会议等，拓展活动团队的议事功能。三是团队包干制，使用活动室的各支团队自行负责做好活动室的日常保洁和维护工作，实现“社区阵地人人有责、社区资源人人共享、社区活动人人参与”的工作格局。

五、加强分类指导

对接《长宁区关于推进居民区治理体系的分类指导意见》精神，结合街道实际，针对四种不同房屋类型的小区开展分类指导。一是售后公房类小区：注重从改善老年、困难、特殊人群的社区服务入手，改善小区自治氛围，提升生活品质，提高党组织、居委会服务群众的能力。二是普通商品房类小区：注重探索现代居民区管理新模式，加强移动终端、微博、微信等新兴媒体载体建设，拓宽上班族参与居民区治理的途径。三是涉外商品房类小区：注重探索开展符合国际社会通行准则的办事议事活动，开展公益项目、志愿服务、文化活动创新涉外社区联系服务群众方法。四是动迁安置类小区：注重推进居民亲缘纽带式自治建设，治理小区顽疾，加强文化引领，引导居民参与社区公共事务。

“四位一体”议事会 探索小区自治和共治长效机制

仙霞新村街道仙逸居委会

仙逸居民区位于仙霞社区北部，东起芙蓉江路，西至水城路，南临仙霞路，北靠茅台路，是20世纪80年代初建成的老式居住小区，由三个自然小区组成，拥有41幢多层，2幢大楼，5幢商品房，居民户数3400多户，近10000实有人口。为探索新形势下居民区自治和共治工作新机制，真正做到社区单位之间功能互补、互相渗透、共治联动，共同建设文明社区。建立了以居民区党组织为核心，居委会为主导，居民为主体，业委会、物业公司、社区民警、社区单位、群众团队、社会组织等共同参与的“仙逸四位一体议事会”治理架构。以此为平台，依据分类处置的工作理念，形成“一会三组”的自治格局。即以居委会、业委会、物业公司、社区民警为主导的“小区自我管理议事组”；以居委会下设机构社会保障委员会、志愿者工作室、志愿者服务团队、社区单位为主导的“社区自我服务议事组”；以居委会下设机构社会发展委员会、群众团队、社会组织、社区相关单位为主导的“社区自我教育议事组”，连成社区自治、共治网络。议事会设会长1名、副会长3名，有自己的例会制度和运作机制，分类协商小区的重大事项和发展规划，小区在自治和共治中，管理不断完善、服务功能不断拓展、社区教育不断深化，具体成效如下。

一、民意主导，攻坚克难，旧貌换新颜

仙逸居民区是老式小区，居住环境的改善成为居民诉求的焦点，“小区自我管理议事组”将小区物业管理、环境卫生、公共安全、外来

人员管理等难点问题作为自治管理重点，广泛听取党员、群众的意见和建议，协调各方组织共同参与自治管理。凡小区重大事项必须经议事组讨论，涉及居民利益的事项，该走程序要走程序，引导居民群众正确行使民主权利，不断推进自治管理，充分发挥“一会三组”协商共治平台的作用。

如：2012年11月，仙逸小区开始了旧小区综合改造工程，涉及小区11.4万平方米、39幢房屋，历时400多天。在整个改造工程推进过程中，议事组始终坚持“四位一体”综合管理项目监管服务模式，由居民区党总支牵头，每周召开一次议事组与施工单位、监理单位共同参与的专题例会，将议事组收集到的居民意见和诉求在例会上进行研究，对施工给居民出行带来的困难和噪声影响、施工现场的安全隐患、道路拓宽等问题，有针对性地商定解决方案和措施，确保了工程质量进度和安全防范两不误；始终坚持“确保工程质量让小区老百姓满意”这一原则。为了将改造工程真正惠及老百姓，在党总支的引导下，议事组坚持对工程进度、施工方法、材料选择、现场管理等事无巨细一一过堂，还时常集体到施工现场商议解决方案。为在综合改造规定项目之外彻底解决居民用水有红虫等污染问题，议事组会上定方案，居民区党总支、居委会代言向上海市自来水公司提出申请，更换小区自来水管网及增设变频水泵，并向施工单位上级集团筹募资金，在综合改造过程中，一并将自来水管网进行改造，建造水泵房，通水后不仅顶楼的居民不再有水压不够的问题，也使得居民们吃上了直接来自自来水管网的水，杜绝了水箱的二次污染。始终坚持攻坚克难，提升小区管理水平。针对居民反映的停车难问题，议事组广泛听取居民意见，召开听证会、座谈会，商议应对措施，确定在小区三个主要出入口安装智能化道闸系统，并重聘新保安。在道闸系统使用之初，议事组商量发动居委会干部、业委会成员、志愿者与物业公司联手，配合保安执勤，对外来车辆进入小区进行说服、劝阻，以减轻本小区居民的停车压力。经过反复整治和规范使用智能化道闸管理系统，现在，小区停车基本有序，缓解了停车难矛盾，居民们说以前下班回家停车很难找到车位，现在就不用抢车位了。通过一年的综合整治，小区旧貌换了新颜，看到一幢幢崭新的楼房、一个个新造的门头、一盏盏漂亮的路灯、一条条平整的道路和整洁的绿化、智能化的道闸系统，居民们无不翘起大拇指称赞小区变美了。

又如：小区单位上服集团办公楼在顶楼有多台手机信号机站，因与居民楼相近，居民提出电磁辐射影响身体健康，要求撤除，集团下设的五洲服装厂因厂房改造，空调外机对着居民楼窗户，引发了群体性矛盾。议事组在得知居民诉求后，坚持以老百姓的民意为主导，凡事跨前一步主动牵头，认真思考、克服困难，多方联手、形成合力，在第一时间牵头召开座谈会，分析现状、商议对策，并通过各种渠道与有关部门反复对话、沟通，牵头组织居民与企业协商座谈，对接各自情况，让居民的诉求有平台可说，让企业的难处给居民看到。经过多次沟通，上服集团决定回应居民诉求，将楼顶机站搬迁，五洲服装厂调整改造方案，居民们对这一结果表示满意。议事组坚持发挥好牵线搭桥的作用，让居民自己的事情自己参与，使小区自我管理成为常态，及时化解了这一突发矛盾。

二、以服务为基础，整合各方资源，推动共治联动

在推进小区共治过程中，整合各方资源、凝聚共治力量、发挥联动优势、服务社区群众，是“自我服务议事组”的议事宗旨，以此形成了多项长效机制。一是共建共治机制。议事组积极寻求小区内外的党建资源结对共建，成立了由上海服装集团有限公司等 15 家单位党组织负责人参加的居民区党建联席会，并与长宁区税务局五所、长宁文化艺术中心等 10 多家单位签署了共建协议。通过党建联席会的合作平台，相互交流提出服务项目，研究协调群众性、公益性的服务内容，每年与小区困难家庭和学生结对助学、帮困，形成共建、共享、共治的工作合力，二是结对帮困机制。充分发挥党建联席会成员单位的积极性，连同居委会下设机构社会保障委员会、志愿者工作室、志愿者服务团队，有针对性地开展议事组活动。在关注困难人员方面，形成了“政府唱主角，企业唱配角，党员、群众齐参与”的运作机制：上服集团进出口有限公司党组织与小区三名困难大学生结对，每年补贴他们学费直至大学毕业；仙霞物业有限公司党组织与小区两户困难家庭结对，仙霞路派出所与小区一户特困家庭结对。长宁区税务局五所党支部与小区三户学生家庭结对助学。在仙逸居民区每年举行的“献一份爱心、助十户家庭”的募捐活动中，形成万元爱心帮困基金，对当年确定的 10 户特困家庭进行资助，并

将这一工作列入居民区实事项目。党总支依托党建联席会成员单位，整合在职党员、楼组党小组、楼组长、团队负责人等力量，开展组团式联系走访服务群众活动，使组团式联系服务群众工作真正成为凝聚人心、优化管理、维护稳定的民心工程。社区单位的纷纷参与，让这些特困家庭充分感受到了人间真情。

共建单位的服务故事是感人的，社区群众的自我服务也像涓涓流水，沁人心脾，志愿者工作室的服务成效始终是老百姓最爱谈的话题。如：经为摄影工作室，是以小区党员徐经为名字命名的。徐经为作为一名党员骨干，无论是在职期间还是退休以后，都是小区文化活动和楼组党建的主动参与者和领头人，他用自己的摄影技术记录下楼组内文明与不文明的镜头，并自办墙报进行宣传。为了与更多的党员、群众分享摄影的心得与成果，他毛遂自荐，组织了一批党员成立了经为摄影小组，把摄影技艺传授给大家，让大家用自己的镜头弘扬小区精神文明新风，当一回土记者。多年来，他带领学员与居委干部一起冒雨敲锣打鼓慰问军烈属，为军烈属拍照，并无偿将照片送给军烈属；"三五学雷锋"为民服务日，虽然春寒料峭，徐经为和他的摄影班成员自始至终在抓拍精彩镜头，并设立了"免费摄影"服务项目，受到群众的热烈赞扬：在一盆盆火红的杜鹃花前，八十多位高龄居民在镜头中留下了微笑，其中有位93岁高龄的老太太在家人的陪伴下，坐着轮椅前来拍照，不少老人满意极了，把自己的照片放大留存。工作室之后还推出留下"耄耋老人的风采"，为老人免费拍艺术照，深受老人欢迎。他还带领学员上门免费为重病、卧床不起的老人服务，并自费购买了二十多份简报送给体弱多病的老人；"七一"为民服务日活动，徐经为和他的摄影班又免费为七八十位老劳模、优秀共产党员摄影留念；小区的艺术节，徐经为和他的摄影班成员精心挑选佳作，自己掏钱制板布展，成为整个艺术展上最亮眼的部分。他还带领团队，多次参加市、区级摄影比赛，屡屡获奖。徐经为同志以他精湛的技艺、高尚的品德、无私的奉献、独特的人格魅力吸引了越来越多的摄影爱好者的加入，有的甚至从青浦、闵行赶来上课，团队从10人发展为29人，其中，党员7名，楼组长4名。他们用相机为创建温馨家园、构筑和谐社区增添了风采。在小区的大型文体活动中，在居委走访慰问、扶老帮困工作时，处处都有摄影班学员的身影，时常可以看到手拿相机的居民在选景拍摄，用镜头聚焦和谐社区，这已成为仙逸居民区一道亮丽独特的风景线。又如：宗山法律咨询工作室，是以小区在职党员陈宗山名字命名的。陈律师带领小区多名律师每月一次免费为有需求的居民提供法律咨询、代写诉状等服务。还有，如关通便民工作室。党员志愿者们为小区独居老人、弱势群体等家中出现的水、电、管道等方面的疑难杂症提供免费咨询，还免费为他们上门调换灯泡、保险丝，处理家庭漏水，排除管道堵塞等，都深受居民群众的欢迎。更有柏阿姨为老服务工作室。将多年来积累的为老服务资源进行整合，在为老年人做好每月一次免费理发，每周四下午免费放映电影，每周二、五上午免费量血压，每天钟表修理及每天温馨午餐等服务工作的同时，向老年人提供应急救助、帮困慰问服务，为行动不便的老人上门理发、量血压、送餐，向有需要的老人提供上门聊天谈心、精神慰藉等，着力打造为老服务新特色，搭建为老服务新平台。

社区居民忘不了的还有仙逸“灵加灵”睦邻点。于 2012 年 7 月成立的仙逸“灵加灵”睦邻点，设在小区一户志愿者扈阿姨的家中，她因为 2009 年患了一场大病，得到了小区各方的关心，康复后一直希望能有机会回报社区。睦邻点的想法是居委会提出的，但是，从人员组织到活动安排都由扈阿姨牵头自发完成，成员中，有 92 岁高龄的独居老人、失独人员、残疾人等共 7 人，每月两次大家聚在一起，以谈心聊天为基本形式，开展精神慰藉、提供生活互助、促进相互交流、结伴出行、聚餐、争当社区志愿者等各类活动。睦邻点成立两年多来，成员们不断自我发展、自我学习、自我交流，互帮互助、团结友爱，居委会除了提供基本的经费保障，其余都是睦邻点自发筹集，涌现出许多感人的故事：一人有难大家帮——成员王老师原来是位英语教师，也是小区的志愿者，世博会期间自告奋勇教大家学英语。可是，天有不测风雨，她失去了独生女儿，整天以泪洗面，心情非常郁闷。如何让王老师走出失女的苦痛，成了大家共同努力的目标。大家分析王老师特别需要同龄人的陪伴和精神上的关爱，就从生活中的点点滴滴给予无微不至的耐心开导：哪家烧了好吃的，给王老师端去一碗，小病时一声问候，有空尽可能地陪着她到处走走。王老师生病住院了，姐妹们带了营养品、水果结伴探望安慰。出院时，大家争着主动去接她回家。在大家的关爱下，王老师的脸上终于有了笑容，逐渐走出内心的痛楚，对未来生活也开始充满信心。低龄成员帮助高龄成员——92 岁高龄的杨阿婆是独居老人，成员们在平时的生活上会多加关心、帮助她。一天晚上，杨阿婆家中下水道堵塞，污水直往外冒，阿婆手足无措，她第一时间想到了睦邻点的扈阿姨，扈阿姨一边安慰她，一边电话联系物业公司，等物业公司人员帮忙维修好后，又帮着擦洗干净，帮老人解决了急难。仙逸“灵加灵”睦邻点取名，正是出自“邻里情，邻里乐”，让左邻右舍成为快乐的一家人是睦邻点的宗旨，让更多的居民参与小区自治、享受自治带来的乐趣和凝聚力，是睦邻点的目标。

广大群众共同参与服务的有：群防群治巡逻队。由楼组长、居民代表、党员骨干、志愿者等组建的一支320人的平安志愿者队伍，在小区、楼组构建起安全防范网络。红袖章小区群防群治队伍，做好参与小区巡逻、看护，情报信息搜集等工作，深入居民区，搜集、反馈居民对治安、防控方面的意见及建议，并通过“居民自防、楼组互防、街面联防、单位协防、社区共防”的宣传，不断提高居民的防范意识，发现安全隐患和各种违法犯罪情况，及时向民警汇报，配合物业公司一体化管理，充分利用小区电子监控系统、夜间巡逻值班等技防手段，确保小区一方平安。

三、以自我教育为依托，发挥团队协作，提升文化建设水平

仙逸小区文化活动中心占地351平方米，自投入使用以来，一直坚持以“服务群众、凝聚人心”为宗旨，“社区自我教育议事组”把打造文化品牌、提升人文素质、实现自我教育的梦想作为议事重点，努力把活动中心建设成为“老有所学、老有所为、老有所乐”的社区大学校，成为展示居民群众风采的大舞台、小区文明建设的前沿阵地，成为居民群众积极参与小区自治和共治的有效载体。如：议事组注重将社区文化发展与企业文化建设相结合，把“文化引领”和“服务居民”的理念结合起来，形成“政府支持、居委会搭台、企业参与、群众登台”的文化运作机制，在沟通中促进融合，在互动中增进和谐。从第一届“金伯利钻石杯”卡拉OK大奖赛开始，我们以企业冠名的方式，在活动室成功举办了“中信银行杯”“俪人街服饰杯”等十一届比赛，内容越来越精彩，影响力也越来越大。在活动室这个平台上，还有一年一度的“仙逸小区文化艺术节”，各种文化元素在这里汇集，“居民艺术家”在这里展现风貌，展示才华。社区单位也把文化送进小区，附近华德饭店的烹饪

大师在小区免费举办烹饪班，宣传饮食文化；中信银行把理财投资、金融知识送到居民身边；仙霞高级中学的老师们免费教老年人学英语、学唱歌等，这些都真正实现了文化建设为居民服务的共同理念。

居民区现有电脑班、书画班、老年人读书会等19支文体团队，从活动策划到活动推进都由议事组把脉，团队间相互沟通、交流、支持、互动。如：书画班在最初成立的时候只是初级班，但就是这样一支由六七十岁年龄的老学员组成的队伍，在学习了一年之后，拿出了几百件技艺精湛的作品在小区文化艺术节上展示，受到小区居民的赞赏。直至现在，许多学员依然在认真学习，他们把画画、书法作为自己生活的一部分，倾入感情、投入心血，学习班成员之间也培养出了很深的感情，彼此互相关心已经超出了一般邻里，有些胜似家人。又如：小区退休党员阎立培是电脑爱好者，自从老伴过世后，老阎一直闷在家中不出门。议事组在平时工作中注意对小区能人志士的积累，多次上门与老阎沟通，希望他能组建电脑班。经过充分准备后，电脑班应运而生，阎老师不仅精心准备了教学内容，更是将家中的电脑带到课堂上当场拆散，分解了给学员们认识。每次上课，他都很早来到电脑室，认真上好每一课，积极引领、启发大家学习电脑知识，同时让自己找到发挥余热的平台。这7名学员从完全的电脑盲到可以制作精美的ppt，在文化活动中心的平台上，实现着自我教育、自我服务的自治目标。现在，电脑班的多名学员骨干在小区许多岗位上都是中坚力量，由此及彼地发挥着作用。多年来，小区文化活动中心的乒乓室、图书馆、会议室等场所最大限度地向社区居民开放，从8:30—11:30，13:30—17:00，由志愿者负责活动室的值班服务，做到自我管理、自我教育。

仙逸居民区在党总支引领下的“仙逸四位一体议事会”居民自治与社区共治的探索，已走过了十一个年头。十一年来，“一会三组”自治与共治的成效越来越得到老百姓的认可和支持，居民们热心参与社区自治，社区单位积极参加社区共治已成为大家的自觉行动。

“一社三会”下的居民自治实践

新华路街道新华居委会

为创新社会管理方式，提高社区管理能力，新华社区（街道）党工委积极探索居民区民主自治的新模式，在新华居民区居民自治经验的基础上，探索形成了“一社三会”（即葫芦缘议家社、自治组长协调会、文体团队联谊会、社会团体联席会）的居民自治模式。近年来，新华居民区连续几年未发生一起刑事案件，居民的诉求也得到了及时有效的解决，整个居民区呈现一派平安、整洁、和谐的景象，居民自治取得了实效。

一、善于向居民“借力”，培养自治意识

新华居民区属于老小区，物业管理严重缺位，小区治安、环境卫生及不同群体利益关系等方面存在着许多问题，从而引发小区各类矛盾。单靠居委会的力量，无法满足居民对小区管理、服务的需求，居民区党总支通过认真思考，决定向居民“借力”，让居民共同参与管理。

于是，在新华路261弄，将热心社区事务的居民、老党员组织起来探索成立了第一个自治小组，试行封闭式管理，促使该小区的停车问题逐步规范，保安、保洁面貌得到较大改善。之后，又相继在新华路211—329弄、新华路119弄、155弄、185弄成立自治小组。在新华路329弄，因洋房置换，造成垃圾箱房无处设置，居民垃圾乱扔乱堆，引起了周边居民的不满。自治小组立即召集居民代表召开民主协商会，最终，垃圾箱房在28号门前落脚，结束了垃圾桶到处流动的现象。每当复旦初级中学开学、设置考场以及重要活动时，居民自治小组都会组织居

民戴上红袖章，参加弄口值班，维持秩序。

二、搭建居民自治平台，整合自治力量

随着居民自治意识逐渐提高，居民区的志愿者、骨干在参与社区管理、实现居民自治方面起着至关重要的作用。但是，如何将这些志愿者、骨干整合起来，把这些自治力量凝聚在一起，使居民自治管理更加规范化、制度化、常态化，成为新华居民区党总支思考的问题。

居民区一共活跃着8个自治小组、16支文体团队（包括12支文化娱乐团队和4支关爱服务团队）和5个社会团体，他们在参与居民区管理、丰富居民精神文化生活方面，发挥着重要作用。在居民区党总支的引导和支持下，他们于2004年11月联合成立了居民自治组织——葫芦缘议家社，共有成员493位。成立之初，居委会发动楼组长、块长上门走访，广泛听取居民群众意见，并组织团队骨干、居民代表召开了议员选举大会，最终推选出8名自治小组组长、16名文体团队队长和5个社会团体负责人，加上3名居委会委员，共32人作为议家社的议员，然后，再由议员共同推选出1名社长，具体负责议家社的工作开展，居委会负责指导和服务。

在居委会的倡导和组织下，按照不同类型事件分类处理的原则，各自治小组、文化团队、社会团体分别成立了自治组长协调会、文体团队联谊会、社会团体联席会，针对小区管理、矛盾纠纷、精神文化生活、服务群众等不同领域的问题，分别召开“三会”，共同商议，集体决策。“三会”逐渐成为居民议事的平台、自治的载体。

三、运用“一社三会”模式，实践自治管理

（1）自治组长协调会实践自我管理。对关系居民切身利益的小区事务，广泛听取居民群众意见，由自治小组组长、居委会委员及居民代表参加自治组长协调会，共同商议小区的治安防范、环境治理、纠纷调解等事务，协调各类组织和群众之间的利益关系，决策和处理小

区的公共事务。自2004年成立以来，先后共筹集资金近百万元，为小区安装地灯90盏，相继在6条物业管理严重缺位的弄堂，设立门岗、安装铁门、聘用保洁人员、管理车辆停放等，配合执法部门拆除违章搭建26余处，完成30户合用水表的一户一表改造工程，完成新华路393弄16号一楼8户居民的合用厨房改造，共化解各类纠纷250余起，成功率达100%。红袖章巡逻队的60名志愿者六年如一日，每天轮流值班，清晨进行绿地巡检保洁，白天巡逻消除安全隐患，晚上小喇叭巡逻，进行安全用电、用气的警示，为居民营造了清洁、安全、和谐的小区环境。

（2）文体团队联谊会实践自我教育。为更好地丰富居民群众的精神文化生活，调动居民群众参与社区活动的积极性，由居委会牵头，16个文体团队负责人及居民代表定期召开文体团队联谊会，共同探讨团队活动的内容和形式，收集团队队员诉求，化解影响团队发展的瓶颈问题，积极寻求调动居民群众参与积极性的有效途径。如通过发放需求调查表、聘请专业文艺退休老师授课指导等方式，来丰富居民区的文化活动，满足居民群众的精神文化需求，从而吸引更多的居民走出家庭，融入社区。每年16支活动团队参与活动，总人次达5 000余人，其中，晚晴读书社、远程老年大学、英语启蒙小组、同城上网小组、老干部学习小组等文体团队，在丰富居民文化知识、提高居民综合素质方面发挥了重要作用。

（3）社会团体联席会实践自我服务。社会团体联席会通过定期召开社团工作及社情民意沟通会收集民意，并统筹各类社区资源，为居民区老人、妇女、青少年等不同群体提供贴近其实际需求的服务。自成立以来，他们上门走访慰问困难居民、大病重病病人及独居老人等7 000余人次；募集爱心捐款15 600余元，已向特困家庭提供救助款11 500元；为居民提供理疗、量血压等健康保健服务达上千人次，受到居民群众的欢迎。

新华居委会通过“一社三会”的议事机制，不断践行自我管理、自我教育、自我服务以及自我监督的自治理念，实现了小区事务共管、小区文明共建、小区环境共护、小区稳定共保。葫芦缘议家社“一社三会”居民自治模式如图1－4所示。

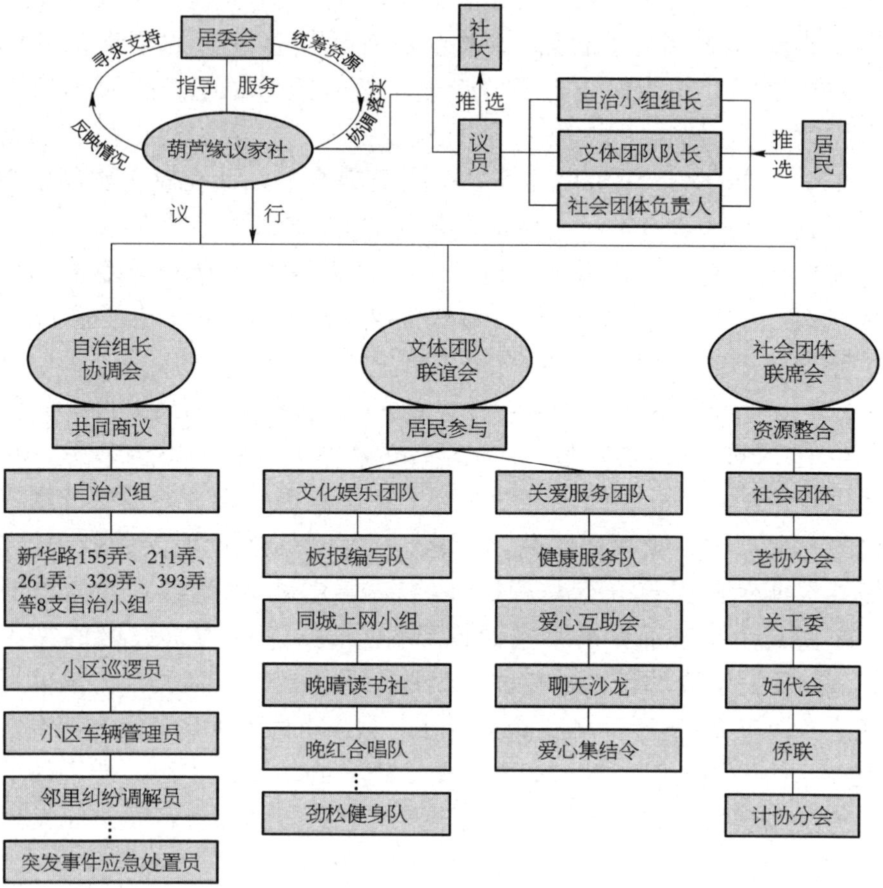

图1-4　葫芦缘议家社“一社三会”居民自治模式

核心引领　着力培育　齐心推动

虹桥街道虹储居委会

虹储居民区是长宁区虹桥街道的一个老式公房小区，建成于20世纪70年代末，现有居民1 186户，3 000多人。多年来，虹储居民区始终把“创新虹储、凝聚百姓”作为一个永恒的主题，创建新载体、探索新方法，“以党建引领为核心，以团队建设为抓手，以群众得益为目的”，核心引领、着力培育、齐心推动虹储居民区自治建设，老典型不断焕发新活力。

一、党建引领，赢得民心，夯实自治工作基础

溯源虹储居民区自治工作还得从“感恩石”的故事说起。十多年前，虹储小区由于基础设施日益老化，面临着自来水管、下水管道老化，空调滴水影响休息，煤气急需改为天然气清洁能源，小区道路不平等问题，虹储居民区党总支把群众的难点作为工作的重点，多方协调，四处奔走，积极筹集改造资金达300余万元，最终完成了小区进水、排水、空调滴水和煤气、路面的“三水一气一路”工程改造。小区面貌发生了翻天覆地的变化，居民自发集资在小区竖起了一块“感恩石”，上面镌刻着“以此感谢居民区党组织和居委会一心一意为民办实事”。这块感恩石凝聚了民心，也成为了居民区自治工作开展的基石。

“感恩石”一竖就是十几年，每年“七一”前后，总有小区党员拿着毛笔，蘸上红墨水，一笔一划地描着上面的文字。“感恩石”长年竖在百姓心里，也成为对居民区党总支一班人的鞭策，时刻提醒着我们不可懈怠，奉献无止境，创新无止境。十多年如一日，我们坚持“核心在支部，专心抓党员，热心办实事，真心换民心”的为民服务理念，坚持

“听群众最想说的话、想群众最关心的问题、干群众最要办的事、做群众最贴心的人”的虹储工作方法，坚持“班子示范好、队伍建设好、工作机制好、群众反映好、工作业绩好”的党建目标，以“三个坚持”让居民切实感受到党的先进性。党员带头创先争优已成为一项长效机制，260余名党员做社区健康文化的倡导人、社区环境建设的带头人、社区帮困结对的热心人、社区服务群众的贴心人，时时牢记党员身份，处处发挥带头作用，不断感染一批居民、凝聚一批力量，在整个小区传递一股正能量，对促进小区和谐带来广泛而深刻的影响。

二、培育团队，凝聚人气，搭建自治工作平台

“党的工作基础在群众，群众工作的抓手在团队”，以团队建设为抓手，让居民走出家门，融入小区大家庭，通过团队的平台建立起共同的社区情感，打造“熟人社会”。

（1）规范构架，实现自治组织化。我们探索形成了“1 + 2 + 6”的自治工作组织构架，其中，“1”为居民区党总支；“2”为“两会”，即居委会、小区管理委员会，小区管理委员会是社区居民和社会服务资源参与民主管理、民主决策、自我服务、自我教育的核心组织；“6”即“五组一队”，是小区自治团队的代表，包括楼组工作指导组、宣传工作指导组、创安工作指导组、服务工作指导组、文体工作指导组和志愿者服务队。“五组一队”在居民区党总支的引领下，保持常态长效，不断扩展内涵，形成了居民区的事，居民共同商议、共同解决的民主自治氛围和良性运作机制。

（2）设计活动，实现自治项目化。结合居民需求和团队特点，我们设计了20余个活动项目，促进自治工作项目化、常态化。如楼组工作指导组常年坚持开展“星级楼组评比”项目，在楼组之间形成“比学赶超”的氛围，居民的参与面不断扩大，主人翁意识不断增强，他们用心维护楼道整洁，小心呵护楼组荣誉；又如，宣传工作指导组以《虹储知音报》为项目依托，坚持单月出报、双月召开例会，队伍从最初的6人拓展为24人，是小区开展思想教育、发现先进典型、共议小区事务、展示自治成果的宣传阵地；再如，志愿者服务队以“医疗保障”“文明创建”“低碳护绿”“法律服务”等居民的需求为项目内容，通过“时间

储蓄银行”十多年的运作，队伍已扩展到了25支，人数达到了700余人，营造出小区“我为人人，人人为我”的良好自治氛围。

三、齐心推动，机制保障，凸显自治工作成效

在党总支的带领下，在团队建设形成的“熟人社会”基础上，我们把为老百姓办实事、做好事、解难事放在第一位，形成机制、畅通路径，自治工作的成效得以凸显。

（1）事前征询群众意见，形成问题发现机制。我们坚持常年开展组团式走访，由街道联络员，居民区干部、党员、团队骨干、楼组长等组成的团队跑遍了每户家庭，针对不同群体，做到“五必访、五必问、五必记”，并在走访过程中向居民发放问题征询单，及时了解、解决居民需求。在日常工作中，我们也形成了“楼组有问题居民共协商，块区有问题楼组共协商，小区有问题大家共协商”的民主协商机制，确保百姓有问题，党总支第一时间了解、第一时间回应。

（2）事中组织群众参与，形成协同解决机制。当征集到百姓反映比较集中的问题，我们以“业主为主，政府为辅，社会为助”的理念，积极发挥“五位一体”机制作用，定期召开由党组织召集，居委会、业委会、物业公司、社区单位、社区民警参加的联席会议，通报各自工作进展，协商小区重要事务，合力解决小区问题。同时，我们规范“三会”制度，做到小区重大事项的公开透明，利用民主、协商、合作的方法协调处理小区事务和化解内部矛盾。

（3）事后发动群众管理，形成长效维护机制。在“五组一队”自治团队的基础上，小区各项“家门口”实事工程全部实现由居民参与管理、参与维护，小区内时时可见志愿者的身影。

例如，在小区儿童乐园建设的策划、实施和维护三个阶段，均发挥出以上三个机制的成效。两年前，在组团式走访中，我们了解到小区儿童数量不断增加，但小区却没有一个活动的场所，在百姓开口之前，党总支就主动提出在小区建设一个儿童乐园，把好事办到群众的心坎上。在实施过程中，先是召开党员、团队骨干、志愿者等各个层面的评议会、议事会研究方案，听取建议。方案初定后，通过各种会议、团队活动等途径，确保每家每户对此事的知晓率。大多数居民觉得，建儿童乐

园是办了一桩群众身边的大好事、大实事，但有少数居民认为建乐园降低了绿化率。为了协调好各方利益，居民区党总支又牵头召开相关部门的协调会，一方面借助党员、团队骨干在居民中的宣传发动作用，上门慰问、解说，动之以情、晓之以理，最终得到了群众的一致理解和支持；另一方面，协同街道职能科室、物业公司等部门人员一起寻找解决办法。功夫不负有心人，最终达成了两全其美的方案：将儿童乐园附近的大树移至合理的位置，并在乐园中种花种草。同时，将减少的草坪绿化以在小区其他地方种植大树的方式予以弥补，绿化占地面积小了，绿化覆盖面积却不断增加，大树下还可以停放机动车，可谓一举多得。在最终的听证会上，建设方案得到了一致通过，之前提出反对意见的一位居民还说道："没想到虹储居民区党总支可以把事情办得这样完满，我也要加入维护儿童乐园的志愿者队伍!"

除了儿童乐园，小区近年来还完成了十余项"家门口"实事工程：更新美化了"健身苑"；利用小区绿化带边角料，整合出47个停车位，打造出创意"停车坪"；将原有的自行车棚外立面和屋顶改造成了立体绿化、屋顶花园景观；把小区一个死角改造成中式砖瓦结构的"车谐廊"，增加了非机动车停车位，并由社区单位资助30辆公益自行车，供居民免费使用，从源头上解决了非机动车乱停放问题；新建成的"虹谐亭""和谐园"，供居民休闲、散步，自治的成果体现在"美丽虹储"的建设中。

在居民区自治工作的探索和实践中，我们将始终坚持党组织的核心引领作用，发挥团队的平台作用，协同各方力量，规范构架、形成机制，不断激发居民区自治工作的活力，推进虹储居民区自治工作在新时期有新作为。

凝聚社区自治力量　同心建设自治家园

江宁路街道蒋家巷居委会

一、居民区概况

蒋家巷居民区由大闻丽都苑小区、贤居天下小区、东海园小区、静安行家、静安同乐、兴海城小区、静安艺庭，及西康路、海防路沿街旧里和昌平路374弄老公房构成，位于江宁路街道主要景观道路地域，由东向西，从江宁路至西康路，由南而北从昌平路至海防路，管辖面积0.05平方公里，其中，社区的办公、活动和服务用房达350平方米。整个社区共有1 450户，4 200多居民，成立了30个居民小组，80%以上的楼组长、骨干积极分子为党员同志。居委会现有合唱队、拳操队、串珠班、编织班、花卉班、老年品茶聊天室、霞光读书会、乒乓球班、戏曲班、夜间排舞队等十支群众文化团队，已有200多名居民和一些联盟之家单位员工自愿加入这些团队。

为了在居民区探索搭建全员共同参与、互动共赢的自治平台，居委会在2009年12月就成立了“社区联盟之家”，为凝聚社区单位、社区党员、社区居民参与社区建设和管理提供了平台。在近几年的工作实践中，逐步形成了以“社区联盟之家”为主体，以各类社区服务和活动为途径，以居委会下属五大委员会为枢纽，以各支社区团队为抓手的“一体化共建”自治模式，并依托居民会议和楼管会等自治平台，不断推进社区自治。

二、搭建社区自治架构

(一) 社区自治格局

居委会通过成立“社区联盟之家”，以此，造就了精神文明联创、为民服务联办、社区问题联管、公共卫生联动、居民矛盾联处五大共建板块，分别与居委下属五大委员会工作相对接，形成了“一体化共建”的自治格局（见图1－6）。在“一体化共建”的自治格局中，主要包含三大平台上的五大联合，其中，三大平台指的是“社区联盟之家”、五大委员会以及社区团队服务平台。“社区联盟之家”是由社区开放式党建工作发展而来，其主要由居民区党组织书记、居委会主任、社区周边政府机关相关科室科长、企业单位负责人或联络员、事业单位及非营利组织主任等人员组成，居民区党组织通过与社区周边各类党组织的共建联建，为居委会调用共建资源设置了平台保障。而五大委员会以及社区团队服务平台，则由相应委员会以及各社区团队组成。

五大联合分别指：精神文明联创、为民服务联办、社区问题联管、公共卫生联动、居民矛盾联处。一是精神文明联创，主要由精神文明工作委员会负责开展。联盟之家单位为社区开放活动场地，并与社区群文团队在各类社区大型活动中一同策划参与，如“和谐家园、老少同乐”等纳凉晚会中，社区共建单位与群文团队一起排练、演出节目。二是为民服务联办，主要由社会保障工作委员会负责开展。联盟之家单位利用自身专业特长，通过社会保障工作委员会的组织协调，与社区志愿服务团队一同，为社区的弱势群体提供各类便民、关爱服务。如，上海市旅游培训中心多年坚持与烈属袁有娣老人结对，给予关护，旅培中心团支部和区机关党工委还组织“红轮椅”助老志愿小分队，专送社区行动不便的老人去就医、办事。三是社区问题联管，主要由环境与物业工作委员会负责开展。我们通过与物业公司的党建联建，以环境与物业工作委员会为枢纽，组织居民区弄管会、板凳会等居民自治团体对物业工作进行评议监督。四是公共卫生联动，主要由人口计生与公共卫生工作委员会负责开展。社区共建单位在人口计生与公共卫生管理委员会的协调下，与社区中的健康自我管理小组一起，就小区卫生、健康养生等相关主题开展各类宣传倡导活动，如健康驿站为社区老年人提供失智预防、健康养生讲座和有氧运动训练。五是居民矛盾联处，主要由综治与调解工作委员会负责开展。共建单位协助综治与调解工作委员会，与社区中的消防安全小组、居民矛盾调解小组等志愿者团队一同，做好社区安全事故预防以及各类矛盾的调处工作，如居委会与联盟单位共同组织消防演练活动，学习逃生技能，提高火灾防范意识（参见图1-5）。

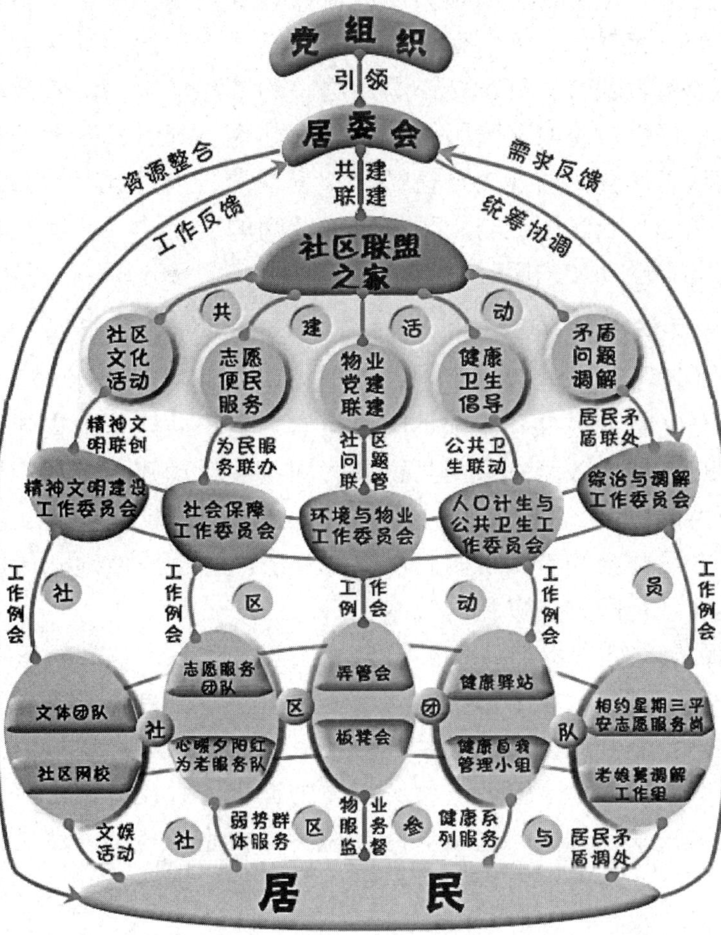

图1-5　蒋家巷居委会自治结构

（二）社区自治机制

我们探索建立“一体化共建”的自治模式，主要形成了以“社区联盟之家”为主体的社区一体化共建机制，以及以共建单位与五大工作委员会以及社区团队间的对接互动为主体的社区一体化服务机制。

一是社区一体化共建机制。“社区联盟之家”作为密切联系各大社区共建单位的枢纽型组织，其通过每月召开工作会议，召集各社区单位代表沟通彼此的共建服务计划，并由居委会统筹协调，根据居委会工作重点以及居民的实际需求安排当月具体的共建服务，并根据各个共建单位的特长，将具体的共建服务进行任务分工，让各个共建单位能够在一个统一的框架下为社区提供服务。

二是社区一体化服务机制。通过召开居委会工作例会，将社区共建工作安排给五大委员会进行负责，而五大委员会则通过社区联盟之家与相应的共建单位服务进行对接，沟通居民的实际需求，使共建单位能够有针对性地提供对应的共建服务计划与之匹配。同时，五大委员会通过日常的团队工作会议与各支社区团队定期交流，沟通近期的共建服务信息，从而畅通了社区团队与社区共建单位间的交流途径，使共建服务与居民区的各类活动和志愿服务能够有效对接。

（三）自治功能拓展

一是搭建社区单位沟通平台，实现社区共建资源一体化。“社区联盟之家”作为社区的共建平台，同时也作为各个共建单位交流彼此信息的沟通平台，其打破原先各个共建单位的共建活动互相割裂、缺乏相关性和系统性的局面，使共建单位间能够通过参与“社区联盟之家”的工作会议，在居委会的带领下彼此合作，为居民区系统性地开展各类共建活动，实现了社区共建资源的一体化。

二是明确共建服务与五大委员会间的互动关系，实现社区共建服务一体化。我们通过五大委员会的工作重点，组织开展各类共建活动，在实践中明确各个委员会与相应共建服务间的合作关系和对接方式，使共建服务得以渗透到社区管理与服务的方方面面，也使社区居民的志愿服务得以便捷地获得相关共建服务的支持，同时也让各类共建服务得以在居民志愿团队的合作下更贴近居民需求，从而实现社区共建服务与社区志愿服务的一体化。

（四）自治工作创新点

一是构建“五大联合”共建格局的创新，畅通各类社区资源的链接渠道。在社区工作中，对于资源的有效整合是加强社区自治能力建设的关键因素。为此，我们在居民自治的资源供给问题上，通过成立社区联盟之家，准确界定各社区单位与五大委员会之间的合作关系，为社区共建资源以及志愿服务资源设置平台保障，从而让各支社区团队在明晰各自在社区中的功能定位的同时，也让社区中的共建单位明确自己参与社区共建的途径和方式，畅通了各类社区资源的链接渠道。

二是推动共建单位与居民需求双向服务的创新，实现社区共建体系的互利共赢。在居委会开展社区建设的过程中，共建工作一直是社区建设的重要环节之一，而如今，不少社区中的共建工作仍停留在整合共建资源的过程中。我们居委会则在该问题上有所创新和突破，其通过了解共建单位与居民双方的需求，以五大委员会为枢纽，让共建单位服务与居民区的各类服务之间做到各需所求，实现了社区共建单位与所在社区间互利共赢的格局，从而促使社区的共建体系得以健康、可持续地发展。

三、我们的特色：社区联盟之家

参与组织或成员

主　任：蒋家巷居民区党总支书记

副主任：蒋家巷居委会主任

静安区财政局党支部书记

联络员：蒋家巷居民区党总支副书记

静安区财政局人事教育监察科科长

静安区民政局救助管理站站长

静安区机关党工委组织科科长

上海市旅游培训中心主任

民生银行上海静安支行行长

上海沪中会计师事务所主任

静安区绿化公司党支部书记

江宁社区健康驿站主任

静工宏林发展有限公司党支部书记

兴海房产物业公司总经理

江宁路街道社区生活服务中心主任

蒋家巷居民区社工负责人

蒋家巷居委会委员

居民代表若干

社区联盟之家在居民区党总支的领导下开展工作，是整合社区资源、协同多方利益、体现基层民主的共治组织，对社区建设、管理和服务发挥议事、协商、评议、监督的作用。其成立目的是为了激发基层活力，推进辖区内单位、行业、区域各类资源、各项工作的互联互补互动，促进社区工作体制机制的创新，充分调动各方参与社区建设、管理和服务的积极性、创造性。社区联盟之家成员由居民区的驻区单位代表组成，设主任 1 名、副主任 2 名和联络员若干名，由居民区党总支负责日常联络工作。

社区联盟之家每季度召开一次全体会议，由主任召集，每年总结工作一次，并向社区联盟之家成员单位通报。日常工作在居民区党总支领导下，以“听证会、协调会、评议会”为形式展开。

如，昌平路 428 弄 8 号的居民向居委会带块干部反映，本大楼 2302 室正在装修，有“群租”苗头，居民们对此十分担忧。居委会上门勘查现场了解情况后，立即组成由大楼居民代表、房办、公安负责人代表等参加的“听证会”，指出群租房整治刻不容缓，要给大楼居民一个安全、和谐的生活环境，通过大家集思广益，听取居民群众对整治群租问题的意见和建议。

通过听证会，2302 室的二房东进行了一定的整改，但根据居委会的跟踪管理，发现房间分隔现象依然存在，问题仍然没有得到彻底解决。为此，居委会又召开了专项整治行动协调会，调查大楼群租问题。街道房办负责人、居委干部、大楼居民代表、联盟之家单位成员及 2302 室二房东参加了本次会议。通过多方的努力协调，最后，区拆违办的工作人员拆除了 2302 室的室内违章搭建，恢复了房屋的原始结构，房东解除了与二房东的租房合同，退还了押金及房租，至此，2302 室群租问题得到彻底解决。

群租问题解决后，居委会还组织召开评议会，会上，将解决群租问题的大致经过向居民做了通报。居民代表要求物业公司应加强源头管理，建立发现机制，把好业主装修入户关，同时做好居住房屋租赁政策宣传，要切实履行发现、劝阻、报告的责任，反应要迅速，信息要畅通，通过组团聚力，维护群众利益，保障一方平安。

搭建社区自治架构　促进基层社会治理

曹家渡街道万航居委会

一、居民区概况

万航居民区地处静安与长宁、普陀三区交界处，北至长宁路，南近万航渡路676弄，西接江苏路，东连万航渡路。辖区内共有9个小区，有以静安丽舍、静安风华苑等高层楼盘为主的新型住宅，和以长宁路155弄、209弄、南长苑等多层为主的老式居民小区，属混合型居住小区。辖区内共有住户2 700余户，居民6 800余人，居民小组58个，残疾人75人，孤老4人，特困户21户，军属8户，离休干部16人，60岁以上老人1 360余人，占总人口比例的20%。

万航社区在原有的基层民主自治的基础上，不断完善居委会自治机制。2010年9月成立的万航小区事务监督评议小组，充分吸纳包括楼组长代表、社团领袖代表、社区活动积极分子等社区骨干参与到居委会的自治工作中来，在居委会的牵头和鼓励下，党员骨干、社区志愿者相继成立了“谈天说地”小组、爱心绒线编织组、万航小区合唱团、群众调解团、便民服务队、独居老人关爱团等工作平台和活动载体。这些活跃在社区各个角落的自我服务团队，在激发社区活力、扩大居民参与、增进社区认同、提高居民福祉等方面发挥了重要作用，业已成为居委会工作的得力助手和群众权益的有力维护者。在居委会的直接领导下，在社区监督评议小组的促进、协调下，在社区团体的有力配合下，居委会逐步实现了自我管理、自我教育、自我服务的自治工作目标。

二、搭建自治架构

(一)自治格局

为进一步强化居民的主人翁意识，增强居民参与社区事务的积极性，打造社区居民自我管理、自我教育、自我服务的工作平台，万航小区于2010年9月成立了“社区事务监督评议小组”，在居民区党组织领导下，由居委会主任担任组长，并积极吸纳包括楼组长、业委会代表、社区文化团体代表以及热心社区事务的积极分子等社区骨干为成员。在具体工作中，监督评议小组站在社区居民的角度，立足工作职责，做好经常性的监督工作；根据居民需要，结合社区实际情况培育、发展各类社会团体。经过一段时间的努力，“小区事务评议监督小组”已成为小区管理长效机制建设的重要抓手和载体。以居民区党组织为核心，以居委会为主导，以“监督评议小组”为自治平台，以评议监督会议、社区文娱团体为自治载体的居委自治模式正式形成（见图1-7）。

“监督评议小组”是一个畅所欲言、献计献策的平台，它的组成人员主要有：①社区团队代表。随着社区各类团队规模的日益扩大，以及发展的日趋成熟，一些以便民、互助、服务为活动宗旨的社区团队，开始越来越多地参与到社区自治工作中来。②积极、正直、关心社区事务的居民以及一些贤人志士。“监督评议小组”希望能够营造一个轻松、活跃、和谐的氛围，在这个居民自治的平台上，宣传党和国家的政策，传递民生信息，广泛收集居民反映的问题和意见，为小区的健康发展出谋划策。基于这样的宗旨，在居委会的支持下，“监督评议小组”积极吸纳社区内的骨干成为其中一分子。它的主要功能是：居民参事议事，社区团队优势互补、和谐共建，社区事务共商共议，社区治安联动等的重要平台（参见图1-6）。

(二)自治机制

在长期的工作实践中，居委会形成了需求为本、权责统一的社区服务沟通机制、社区自治的协调机制、社区工作的监督机制以及“每月一议”的例会制度。

在社区服务沟通机制中，居民可以在社区服务需求的过程中直接向

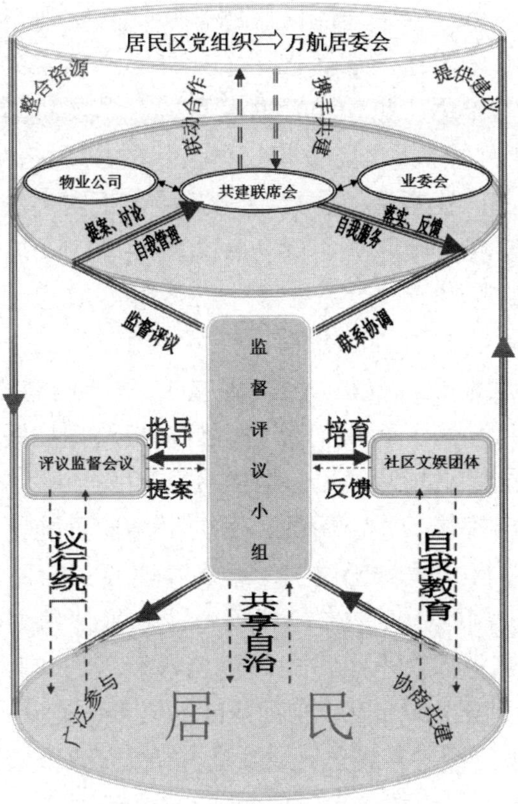

图1－6　万航居委会监督评议小组

居委会反映服务需求，“监督评议小组”中的成员也可以在日常的工作、活动中，通过调查了解居民的社区服务需求，并最终以书面报告的形式经共建联席会议讨论后呈送居委会参考，从而实现了社区服务的需求为本取向。在社区服务的筹划、组织过程中，充分了解居民需求的“监督评议小组”，可以集思广益，发挥其自身在社区建设中的能动作用，为居民提供临时性或是相关的应急服务；对于具有普遍性、持续性、可行性的社区服务需求，“监督评议小组”会向居委会及时传递需求信息，在居委会商议决策后，整合社区资源，积极开展相应服务。在整个机制中也由此形成了临时性服务与一般性服务的统一。

在社区自治的协调机制中，居委会形成了“循环监督，议行合一”的工作机制。在居民党组织的领导下，在居委会的组织推动下，“监督评议小组”有序开展工作。工作中，小组在做好对居委会日常工作以及对社区其他单位（物业公司、业委会等）的监督、评议的同时，还会再次以监督者的身份参与居委会决策的落实。在这一工作机制中，居民参与的广泛性、居民参与的主导性日益加强，从而实现了居民区党组织领导、居委会组织实施的社区居民自治。此外，小组中的评议监督会议既起到了监督评议的作用，也肩负着联系居民，落实提案的责任，体现出“议行合一”的工作模式；“监督评议小组”的成员还活跃在各类文化团体中，他们可以在“监督评议小组”这一平台上实现智慧联动，进而在社区自治过程中实现资源联动、行动联动。

在社区工作的监督方面，“监督评议小组”成为了监督的主体，居委会和其他社会单位成为了监督的对象，各项社区工作的落实情况、各类社区需求的满足程度，成为该组织监督的重要内容。在监督过程中，居民向“监督评议小组”反映情况，小组收集整理居民意见后，向居委会和相关社区单位提出具体意见，居委会和相关社区单位有义务向“监督评议小组”做出答复。“监督评议小组”再通过社区团队、评议监督会议，向广大的社区居民做出说明，最终实现“三自”的自治目标。

为确保自治机制的良性运作，居委还设立了“每月一议”的例会制度，居委会和“监督评议小组”成员会结合社区的实际情况，每月进行一次头脑风暴。会议上，大家就当前社区的热点、难点问题以及居民反映比较强烈的问题进行探讨。居委会成员在介绍完近期的工作情况后，会广泛听取各位代表的意见，促进各项自治工作在社区中得以有效实施。

（三）自治功能

具有万航自治特色的“监督评议”居委自治模式所发挥的自治功能，可从两方面归纳：

一是党组织领导，居委会主导，搭建自治平台，推动居民联动。居委会在推进社区自治工作中，主要打造了“监督评议小组”这一自治平台，从而形成了以居民区党组织领导，居委会主导，“监督评议小组”循环监督、议行合一，社区团体积极参加的自治结构。随着各类自治组织的广泛参与，居民在自我管理、自我教育和自我服务中的主人翁责任意识和能动意识得到明显提升。因此，居民在社区自治中的主导性得以凸显。在“监督评议小组”的指导、监督下，在社区团队的带动下，居民参与社区事务的热情逐渐高涨，这成为实现广泛性的居民联动的重要基础。社区居民的联动，促使居民在社区自治中群策群力，广泛参与社区治理。

二是协商共建，促使社区综合效能显著提高。“监督评议小组”的建立，使得社区工作统分结合有度，随着居民积极参与社区事务自治，协商、民主得以有效实现；社区自治结构和自治机制的有效衔接，使得社区资源得以优化整合，社区的活动和服务实现统筹安排，发挥集聚效应。以此为基础，社区自我管理、自我教育和自我服务的能力得到明显提高。

（四）民主自治工作创新点

（1）以统分结合的社区自治方式取代了传统的居委自治方式。万航居委会在保证自身作为居委自治主导的前提下，将原有工作权力中的监督权、民意调查、社区生活评估等职能部分转移到“小区事务监督评议小组”中，通过分权，吸纳了部分社区居民参与到社区建设中来，从而使居委会能更好地集中精力，承担好自治工作的领导协调组织职能；在社区团队层面，“小区事务监督评议小组”通过对社区资源的有效整合，实现了社区团队间的良性互动、优势互补，形成了社区活动和社区服务的统筹安排与规模效应。与传统的居委自治方式相比，这种统分结合的社区自治方式，在居委会自治工作中具有较强的灵活性和实用性。

（2）从管理型社区向公共服务型社区转变。在居委会所采用的社区工作策略方面，我们通过“小区事务监督评议小组”自治模式，创新地实现了工作模式由管理模式向服务模式的转变。与原有的“自上而下”的管理模式相比，居委会通过自治平台，实现了“自下而上”的自治特色。在社区工作中，居委会的工作重点是根据居民需要，提供有效的服务。与此同时，居委会的工作要接受“小区事务监督评议小组”的全面监督和评议，居委会在确保任务目标实现的基础上，要更加注重过程目标的完成。通过采用服务型的社区工作方法，居民的社区参与热情日益高涨，居民在社区自治工作中发挥的能动性和主动性日益凸显。原有的行政化的社区管理方式，逐渐地被以强化公民意识、明确公共责任、加强自律与监督为主要任务和特征的公共服务型社区管理方式所取代。

三、我们的特色：万航小区事务监督评议小组

参与组织或成员：

1．楼组长

2．业委会代表

3．社区单位代表

4．社区文化团体代表

5．专业技术人才

6．外来人口代表

7．热心社区事务的积极分子

万航小区事务监督评议小组成立于2010年9月，现有成员19人（其中，5人来自社区单位代表、社区社会组织代表），由居委会主任担任组长。小区事务监督评议小组主要对小区的日常事务、物业管理、居委会运作情况等进行评议和监督。每月召开监督评议小组工作例会，每季度对物业一体化小区管理进行打分，每半年听取居委会工作汇报，每年年底对物业公司工作进行综合考评。

如，万航居民区中的老式居民小区在2009年9月以前未实现物业管理一体化，小区的物业公司只负责小区的保安保修工作，保洁和保绿则由居委会负责。由于经费有限，大多聘用下岗人员，这些人工作责任心不强，小区环境呈现脏、乱、差，非机动车失窃现象时有发生。由于房龄较长，各种问题层出不穷，保修工作和服务质量也跟不上居民的需求，居民反映强烈，居委会工作负担较重。

实现物业管理一体化以后，由政府托底补贴给物业管理部门，聘请专业的保洁、保安公司和专业的绿化养护公司进驻小区，通过制订岗位服务标准，使服务水平得到进一步提升。物业管理一体化的实施，使小区环境整洁了，小区安全有了保障，小区绿化优美了，小区保修工作得到加强，居民尝到了物业管理一体化的“甜头”。

“家园式管理”创建社区美好明天

共和新路街道锦灏居委会

一、居民区概况

锦灏居民区由商品住宅小区和老式里弄两大块组成，区域面积 16 万平方米，东至平型关路，南至洛川东路，西至共和新路，北至延长路。实有人口 4 800 余人，居民 1 623 户，楼组 52 个，志愿者 328 余人。两个小区中共有数十支居民自治团队，在延平小区有读报组、合唱队、编织组等；锦灏小区有谐趣沙龙、英语班、书画摄影班、拳操队、戏曲班、宠物沙龙、茶艺队、桥之家、妇女之家等。

近年来，居委会结合混合型小区的实际情况，根据商品房小区居民与公房小区居民的不同需求，以打破不同小区居民间的隔阂为突破口，一方面采用“劳务输出”，将老式里弄的便民服务主动送到商品住宅小区里，另一方面通过“技术支持”，将商品住宅小区里的医生、教授请出来，为老式里弄的老人送知识、送服务，并通过“社区邻里节”增强居民互动，由此打造了“家园式服务平台”。在此基础上，居委会挖掘两个小区的社区骨干共同成立“锦灏家园联席会”，逐步实现了新老小区居民共同参与社区管理的“家园式管理”自治格局。

二、搭建自治架构

（一）自治的基本格局

在长期的居民自治基础上，居民区探索建立了“家园式管理”自治格局（见图1-7）。在“家园式管理”的自治格局中，居民区党组织是领导核心，并主要由两个部分构成：

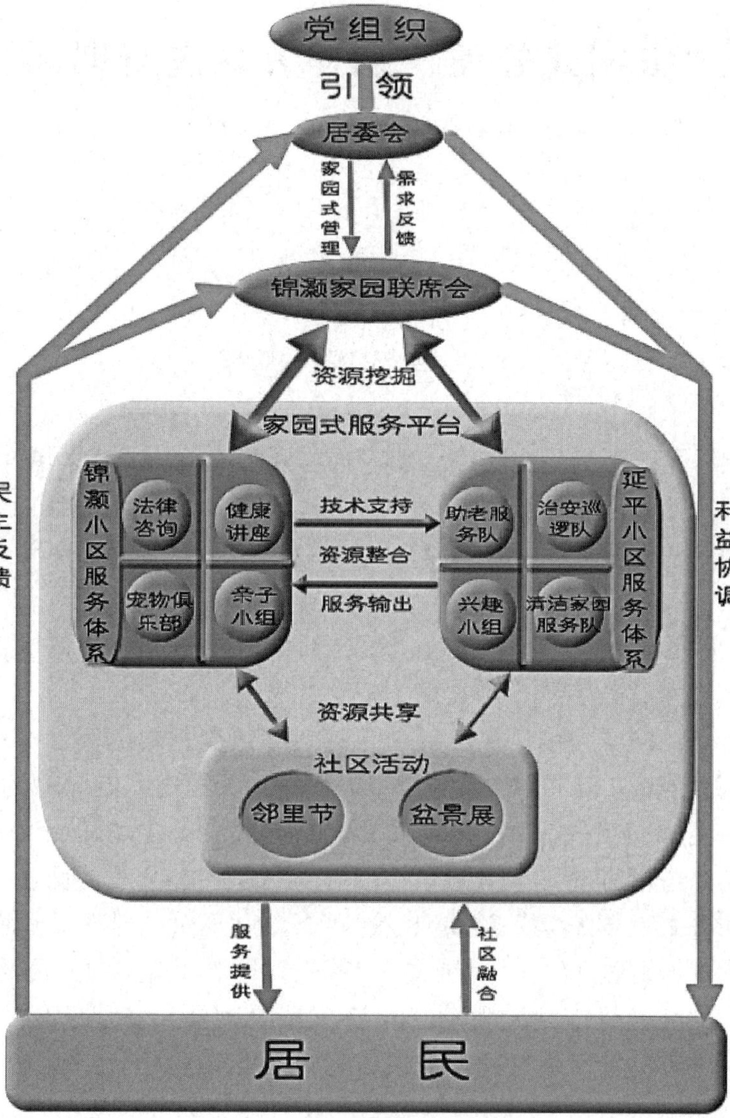

图1-7　锦灏居委会自治架构

第一部分是由居委会和“锦灏家园联席会”组成的社区事务商议平台。居委会在“家园式管理”的自治模式中起到了组织推进的作用，通过对延平和锦灏两个小区的统筹管理，分别吸纳不同小区中的社区骨干加入“锦灏家园联席会”，打破新老小区互不往来的局面，从整体上引导居民共同参与“家园”建设；而“锦灏家园联席会”作为两个小区间发挥信息沟通、利益协调等作用的枢纽型居民自治组织，通过定期召开联席会议，由居委工作人员、新老小区社团骨干代表、业委会、物业公司、社区民警等多方参与社区事务的商议，充分挖掘社区资源，从整体上化解社区矛盾，解决新老小区所遇到的各类差异性问题，使新老小区居民“相识”。

第二部分则是由延平小区以及锦灏小区中的各支社区团队组成的“家园式服务平台”。“家园式服务平台”作为社区中连接新老小区居民的重要载体，让参加各自小区群团活动的居民通过服务的互供互补增进互信，使新老小区居民“相知”。在此基础上，居委会利用各类传统节日，通过“锦灏家园联席会”引导新老小区居民共同策划，在“家园式服务平台”层面开展各类针对整个社区的大型活动，如邻里文化节、社区盆景展等，为新老小区中有着共同爱好的居民提供交流互动的契机。此外，党总支书记还成立了“冯书记工作室”，为新老小区党员提供学习交流平台，从而实现了不同小区间的资源共享，使新老小区居民“相融”。

（二）社区的自治机制

围绕社区事务商议平台和“家园式服务平台”，居委会建立了相应的社区利益协调机制和社区服务互供机制。

一是社区利益协调机制以“锦灏家园联席会”为载体。联席会吸纳新老小区群团骨干成员、社区民警、物业公司、业委会共同参与社区事务的商讨，针对新老小区的不同问题和居民的不同需求，联席会提供了良好的平台供双方居民理性发表各自的观点，澄清各自的利益关注点，再由居委会、社区民警、业委会、物业公司等站在整体角度上商讨双方的利益协调方案，最终使居委的各项决策能够兼顾不同小区居民的差异性需求，得到新老小区居民的共同支持，为不同小区居民间的联系互动打下了基础。

二是社区服务互供机制以“家园式服务平台”为载体。针对锦灏小区年轻人居多、文化层次相对较高、闲余时间较少，而延平小区老年人居多、相对更愿意参与社区志愿服务的情况，“锦灏家园联席会”将老小区中提供的各类志愿服务输出到新小区的志愿服务体系中，而将新小区中开展的各种专业类主题活动引入老小区的文化活动体系中。让锦灏小区居民在享受到社区志愿服务所带来的社区卫生、安全等方面的保障的同时，也让延平小区居民获得健康、法律等方面的专业知识和服务，从而实现了新老小区间的优势互补，增进了居民间的信任关系。

(三)社区自治的功能

一是以构建“家园式管理”的居民自治为抓手，解决社区管理难题。我们在推进社区自治工作的过程中，建立了“家园式管理”的社区自治形态，通过将锦灏小区和延平小区的群团骨干成员加入到“锦灏家园联席会”中的方式，将两个小区纳入同一个社区自治体系中，让居委会能够通过双方的沟通，更全面地评估新老小区居民间的不同需求，界定新老小区居民的优势和特长，消除新老小区居民间的隔阂，实现新老小区居民间的平等对话，打破混合型小区中的社区关系僵局。

二是以依托“家园式服务”自治方法为途径，整合社区服务资源。我们在自治工作的具体实施中，以新老小区互相利用自身特长为彼此提供服务的方式，确立了“家园式服务”的自治工作方法，为新老小区中的各类社区资源提供“家园式服务平台”，让居委会能够根据新老小区居民的不同需求，从整体上调用两个小区的社区资源互相补足，从而完善了混合型小区的社区服务体系，实现了新老小区间社区资源的充分整合。

三是以围绕“家园式社区”的自治建设为目标，融合社区居民之间的关系。我们紧紧围绕实现“家园式社区”的自治建设目标，通过打造社区事务协商平台和“家园式服务平台”，促进了新老小区居民间的良性互动。在此基础上，居委会通过定期邀请新老小区居民共同策划开展“社区邻里节”“社区文化节”等大型社区活动，让新老小区居民的服务资源，在同一时间、同一地点面向全社区居民集中开放，让双方居民可以通过美食文化交流、社区盆景展等活动，找到彼此的共同兴趣爱好，探讨各方面的生活经验，从而使新老小区相互之间不断认同、不断融合。

(四)自治工作的创新

(1)确立“家园建设”的自治核心理念，实现混合型小区的协调发展。在居委会如今的社区工作中，对混合型小区的管理一直是一道难题，似乎难以找到行之有效的方法来协调不同小区居民间的差异化需求，因而许多居委也以“差异化管理”的方式来对不同类型的小区提供服务，但这种做法人为地将同一个社区的居民进行了区别化对待，是一种合理但非最优的社区治理方式。为此，我们在对混合型小区的管理中提出了“家园建设”的社区自治理念，打破了以往对于“小区”的一般理解，将两个不同类型的小区整合到一个“家园”的框架下来考虑居民的自治工作，运用利益协调、服务互供、资源共享等一系列工作手法，实现了混合型小区的协调发展。

（2）夯实“家园式管理”“家园式服务”，实现“家园式社区”的建设目标。自治家园的建设离不开居委会对于社区自治路径的设计，为此，我们通过构建“家园式管理”的自治形态，为新老小区居民间搭建互动平台；通过实行“家园式服务”的自治工作方法，充分挖掘、整合、共享新老小区的社区资源，最终以社区的全面融合实现了“家园式社区”的自治建设目标。

三、我们的特色：锦灏家园联席会

参与组织或成员：

居民代表、锦灏小区群团骨干、延平小区群团骨干、业委会、居委会、物业公司、社区民警（会议人数约为12人）

锦灏家园联席会成立于2010年，其前身是由居委会、物业公司、业委会共同召开的“三位一体”联席会议，居委会通过将居民代表、两个小区的群团组织代表从一开始的旁听，到逐步作为联席会议的一员参与社区事务协商的方法，渐渐充实联席会的功能和作用，并通过联席会的平台增进不同小区居民间的交流沟通，为实现“家园式社区”的建设目标打下了基础。

如，由于居委会的管辖范围有其特殊性，由商品住宅小区和老式里弄两大块组成，共有楼组52个，居民1 623人，志愿者328人，文化团队10来支，党支部3个，下属物业公司3个。由于老式里弄居住人群文化程度普遍偏低，具有老年人多、失业人员多、困难人员多、一居多住等特点；而商品住宅小区呈现“三多”，即：白领多、知识分子多、引进人才多。新老小区也由于各方面的差异，他们相互不来往。为此，党总支通过“百分百”组团式走访，了解到该情况后，便积极搭建沟通互动平台，通过成立锦灏家园联席会，结合双方优势积极整合资源。一来，通过“服务输出”，将老式里弄的便民服务主动送到商品住宅小区；二来，采用“技术支持”，就是将商品住宅小区里的医生、教授请出来，为老式里弄的老人送知识、送服务。最感人的是，老式里弄“巡逻队”的老人们不仅亲自示范、传授技巧，还在商品住宅小区没成立“巡逻队”之前，义务为该小区保驾护航。老人们用自己朴实的行动，深深打动了住在商品房里的人们，就这样，两边开始渐渐“热络”起来。

四、我们的活动：社区邻里节

社区邻里节是居委会每年举行的，由延平小区以及锦灏小区共同举办的一系列社区文化活动，该活动是由居民发起，通过锦灏家园联席会讨论实施方案，通过板报形式宣传，由党支部骨干、居民楼组长做动员，两个小区居民共同参与的社区大型系列文化活动。活动内容包括盆景展、元宵猜谜、红歌连唱、美食大比拼、书画摄影展等。

如，党总支通过弘扬睦邻文化，树立“邻里一家亲”理念，设立了“睦邻点”，并先后组建了英语班、合唱队、谐趣沙龙、宠物俱乐部等数十支居民自治团队；通过开展盆景展、元宵猜谜、红歌连唱、美食大比拼、书画摄影展等“睦邻节”系列活动，真正做到“天天有活动，月月有交流，节节有主题，季季有汇演，年年有创新”。渐渐地，陌生的邻居熟悉起来了，疏远的邻居亲近起来了，寂寞的邻居热闹起来了。睦邻文化活动使更多的居民走出家庭、走进社区，共同参与社区服务、家园建设。

五、我们的平台：冯书记工作室

冯书记工作室（以下简称工作室）在共和新路街道党工委的领导下，在居民区党委的指导下，以夯实社区党的执政基础为核心，以激发基层党组织活力、提升党组织负责人队伍整体素质为目标，积极开展居民区基层党建工作的探索与实践。

工作室以“凝心、聚力、求实、创新”为主旨，于2012年8月在锦灏居委会正式挂牌成立，并组建了由冯亦怀、杨华、郝振芳、戴光高、黄蓓等5名同志所组成的核心成员班子，其中，冯亦怀同志为主要负责人，同时担任日常联络召集等工作。冯书记工作室通过一个工作室、一部热线电话、一个冯亦怀微博，即“三个一”的运行模式，开展党务干部培训指导、党建活动交流沟通、居民区工作分析研讨、党建理论探索研究等工作。工作室以夯实社区党的执政基础为核心，以激发基层党组织活力、提升党组织负责人队伍整体素质为目标，成为培养骨干党总支书记的“孵化地”，同时也是联系党员群众的一条“绿色通道”。

工作室的工作制度包括：① 学习制度。定期组织党建理论专题学习，领会贯彻党的路线、方针、政策，提升理论政策水平。② 例会制度。每月召开一次工作例会，沟通交流工作体会，就各成员和其他居民区党组织负责人提出的问题，研究解决方案。③ 带教制度。对招聘的党群工作者进行带教，指导传授社区工作经验、方法和体会。④ 走访制度。经常到各居民区走访了解基层党建工作情况，及时总结好的经验做法，同时给予工作指导。⑤ 服务制度。通过设立工作室微博、开通热线电话及不定期编发信息简报，为社区党员群众提供党建方面的咨询服务，就党内热点问题、社区服务需求矛盾等提供意见和建议。

“立体式三位一体”
解除社区疑难杂症新模式

芷江西路街道三兴居委会

一、居民区概况

三兴居民区总面积12 552平方米，现有居民1 529户，共4 125人，楼组32个。近几年来，居民自治组织了9支形式多样化的团队，包括姐妹排舞队、三兴健身操队、夕阳拳操、“小板凳”议事团、“百分百”走访团组、“邻里一家亲”自治小组、红盾维权团、法律咨询团和布艺组。

我们主要从文化宣传与推广、社区帮扶、青少年及老人服务、社区综合服务四个方面展开服务。重大事项由党组织牵头，通过“三位一体”协商议事这一“圆桌会议”机制进行讨论协商。居委会组织居民搭建了“三位一体协商议事平台”以及“三位一体自我服务平台”，广泛吸引居民参与社区建设，引导居民开展自治活动。

二、建立自治架构

（一）自治的基本格局

居民区建立完善了“立体式三位一体”的自治格局（见图1-8）。“立体式三位一体”的自治格局主要由以下三部分构成：

（1）在“立体式三位一体”的自治格局中，居民区党组织是领导核心，引领居民区各类组织开展社区自治。位于顶层的是由居委会协同小区业委会和物业公司组成的“三位一体联席工作组”，工作组由居委会工作人员、业委会代表、物业公司经理组成。

居委会将与居民生活关系最密切的物业公司、业委会纳入社区的顶层决策体系中来，各类社区管理相关问题均由居委会牵头，工作组三方共同出面解决。在社区事务处理的过程中，居委会在社区党总支的领导下，细致入微地开展服务居民的工作，并使服务工作渗透到物业公司和业委会对于业主的服务管理工作之中。

(2) 在“立体式三位一体”的自治格局中，位于第二层的是由党员议事小组、群团骨干会议、居民常任代表会议整合而成的“三位一体协商议事平台”。“三位一体协商议事平台”作为社区居民商讨社区事务、参与社区管理的居民自治平台，通过整合各类社区居民会议，把党员积极分子、群团骨干、居民代表集中在同一个框架下参与社区事务的讨论，从而实现了社区党组织、群团组织、居民间的三方沟通，为居民需求的收集与反馈提供了平台保障，实现了“三位一体”协商方式在居民自治活动中的渗透。

(3) 在“立体式三位一体”的自治格局中，位于第三层的则是由各类党员教育实践服务、居民互助服务、楼组自治服务整合成的“三位一体自我服务平台”。在“三位一体自我服务平台”下，居民区党组织、居委会将党组织层面、社区层面、楼组层面的居民服务整合到同一个平台之中，实现三者在服务方法、服务对象以及服务内容方面的有效衔接，实现了“三位一体”行动方式在社区服务体系中的渗透。

（二）自治机制的载体

居委会的“多层三位一体”自治格局，形成了以“三位一体联席工作组”为载体的社区问题处置机制，以“三位一体协商议事平台”为载体的社区事务协商机制，以及以“三位一体自我服务平台”为载体的社区团队共事机制。

在社区问题处置机制中，“三位一体联席工作组”创新工作方法，以组建“工作组”的形式摆脱以往单纯的会议机制。在社区问题、居民矛盾的识别阶段，无论居民把问题反映到居委会、业委会还是小区物业公司，工作组都能通过实时沟通，实现社区问题的及时响应。而在社区问题处置阶段，则由居委、物业公司、业委会三方共同出面调解居民纠纷，从而实现传统意义上“三位一体”联席会议的功能拓展（参见图1－8）。

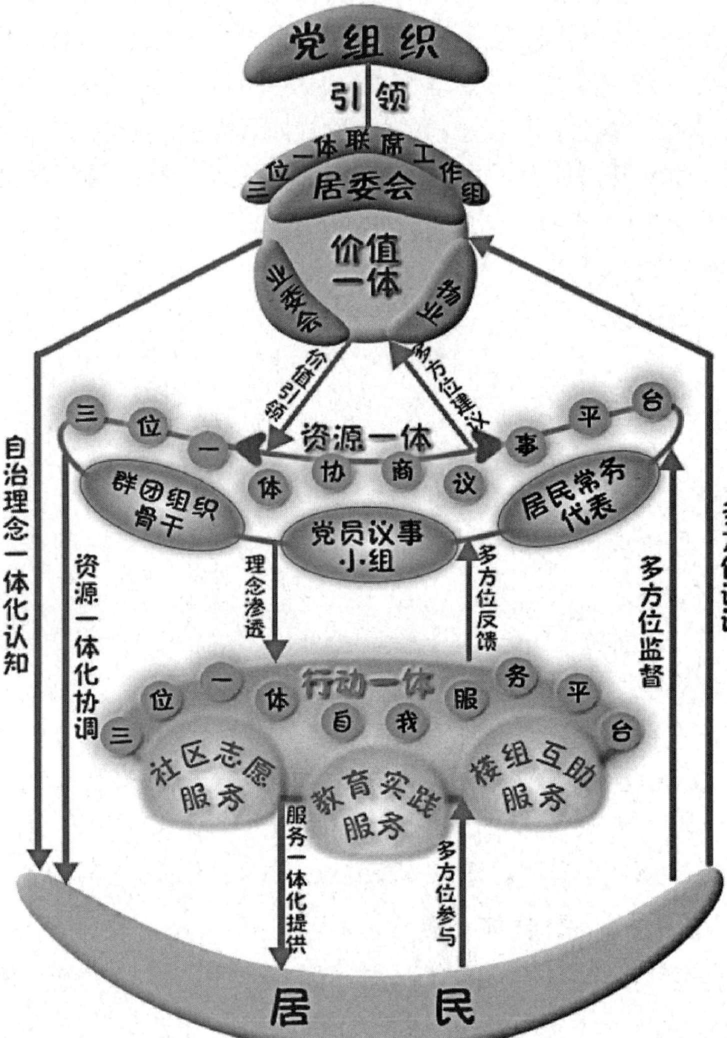

图1-8　三兴居委会自治结构

在社区事务共商机制中，“三位一体协商议事平台”通过居委召集三方会议代表，每季度召开一次“小三位一体”会议。其中，党员议事小组代表将党组织最新的政策导向、学习实践计划通过会议告知居民，群团骨干会议代表则从整体上将本月以及下个月的社区服务方案进行汇报，居民代表则反馈居民的切实需求，而居委则通过居民的需求指导各类群团组织调整服务方案，或上升到“三位一体联系工作组”帮助居民解决问题，并且通过党员议事小组代表，将社情民意反馈至社区党总支，从而畅通了社区各方代表的沟通途径。

在社区团队共事机制中，“三位一体自我服务平台”打破党组织服务、社区服务、楼组服务相互分离的格局，通过上一层级的统筹协调，使三方面的服务以党组织为主线进行穿插。社区党员在开展或参与社区教育实践服务的过程中，能与各个群团组织的活动相结合，与楼组党建活动相结合，使得党组织的先进理念在社区中广泛传播；而同时，各个群团组织也根据自身特长，将社区服务通过楼组长和楼组党员更为便捷地提供给社区居民，畅通了社区居民参与社区自治活动的途径。

(三) 完善自治功能

1. 组建“三位一体联席工作组”，实现社区自治价值一体

作为各类社区服务的发起者，居委会在党组织的领导下，身体力行，亲自到居民家中了解需求，亲自为社区的老人提供关爱服务，由此树立了居委会的优质服务理念。在组建“三位一体联席工作组”后，居委的各项服务管理工作均连同物业公司代表以及业委会代表共同完成，从而将居委会的社区服务理念向物业公司以及业委会进行传播，用“以心换心”的工作手法，促使小区物业公司以及业委会为社区居民提供人性化的优质服务，实现了社区党组织、居委会、物业系统对于社区服务价值理念的一体化认知。

2. 搭建“三位一体协商议事平台”，实现社区自治资源一体

居委会通过搭建“三位一体协商议事平台”，将传统意义上“三位一体联席会议”中的事务共商机制渗透到了居民自治体系中，使居民在协商社区事务的过程中，能够共同商讨社区事务，利用自身资源优势优化决策建议，从而使党组织的社区治理资源、群团组织的社区人力资源，以及居民代表的社区关系资源在此平台下高度整合，实现了社区资源的一体化调用。

3. 打造“三位一体自我服务平台”，实现社区自治行动一体

在社区服务的提供阶段，居委会通过打造“三位一体自我服务平台”，将传统意义上“三位一体联席会议”中的团队共事机制渗透到了社区服务体系中，使居民在共商社区事务的基础上，将协商的结果形成多方合作下的行动方案，从而使党组织的社区教育实践服务、群团组织

的社区志愿服务，以及楼组中的居民互助服务主题一致、目标一致、理念一致，实现了社区服务的一体化提供。

(四) 自治工作的创新

一是通过党组织的引领，实现社区自治核心理念逐层渗透。居民区党组织通过党员密切联系群众的工作方法，领导居委会通过以身作则感染“三位一体联席工作组”成员提供优质服务；而在居民自治体系层面，党员议事小组又通过“三位一体协商议事平台”向各类群团组织和居民骨干做出先进榜样，使他们的社区服务质量得到提升；最后在社区服务提供层面，党员的社区教育实践服务又通过与其他社区服务的结合，引领居民不断提高自我服务的质量。在社区党组织的引领之下，通过“立体式三位一体”自治体系的搭建，使社区的优质服务以一种自然的方式逐渐渗透到社区的自我服务体系中，形成了居委以身作则、居民回馈奉献的社区自治良性循环。

二是深化“三位一体”会议的自治内涵，实现“一体化”工作方式的纵向拓展。“三位一体”联席会议是社区中常见的会议形式，而居委会不流于会议表面，通过澄清“三位一体”联席会议的召开目的，拓展“三位一体”会议功能，提炼出“事务共商”“团队共事”的联席会议内涵，并将该内涵作为社区自治的核心要素融入社区的整体自治框架中，形成了贯穿社区三层自治结构的“一体化”自治方式。

三、我们的特色：“三位一体”理事会

参与组织或成员：居委会、物业公司、业委会

“三位一体”理事会，由党总支书记担任会长，物业公司经理、业委会主任为副会长，理事会成员包括居委会成员、业委会代表、物业公司代表、红盾维权工作室“百分百”走访团组负责人、居民自治团队负责人等，对社区的重大事务进行协商、议事和监督。在居民区党总支牵头下，带动社区各阶层人士参与社区事务，通过收集、反馈意见等方式，推动社区充分自治。

为强化管理机制，推进三类组织一体化运作，“三位一体”理事会建立和落实一个服务窗口、一个交办流程、一套制度保障、一个考核办

法，开展多种惠民服务活动。理事会把物业公司的管理纳入居委会的任务目标之中并加以考核，而且也将物业管理列入了整个社区建设之中，还把业主委员会和物业公司均纳入社区党总支的领导和居委会的监督之下，形成以居民自治为方向、以社区服务为重点、以社区文化活动为载体，广大居民群众积极有序参与的新格局。

如，和很多老小区一样，三兴小区有三幢24层的高楼，电梯故障问题迭出，自1993年入住以来，已近二十年，电梯没有更换，居民没有安全感。这些年，居委会、物业公司、业委会疲于应付找上门来的居民，调解矛盾，但都无暇顾及寻找治本之策。居民区党组织的地位与作用使问题出现了转机：党总支书记把居委会、物业公司和业委三方拉到一起对小区进行了“集体会诊”。多番碰头商议后，大家达成共识：三兴大楼电梯需要整体改造。共识达成后，随即制订方案，走访居民，召开听证会、理事会等。经过一系列基础工作后，三兴大楼改造工程顺利完成。

四、我们的活动：“月月办”便民活动

每月的14日，居委会在三兴大楼小花园设点举行便民活动，包括修家电、磨刀、修伞、修鞋、量血压、各类咨询等。居民们会根据需求加入到被服务的行列中。月月办给大家带来了便利，受益群体为小区所有有需求的居民。居民为有这样的活动，而且能长年累月地坚持感到称心。居委会还根据居民的需求，结合实际情况，月月开展各类有声有色的讲座，让大家在学习中进步，在听课中获益。

如，月服务有特色，年服务更聚人心。6月适逢端午佳节，居委会的月月办便民活动结合一年一度的“社区一家，粽情端午”包粽子活动展开服务，把粽子和党的关怀送到社区每一位八十岁以上的老人手中。举办这项活动得到了“三位一体”理事会成员的大力支持，企业代表给予了资金方面的大力支持，物业公司以及居民出人力、物力，居委会具体负责各项工作。社区现有八十岁以上老人110位左右，按照计划，每位老人可以拿到两个肉粽和两个赤豆粽，因此，这次活动在一天内总计要包好500只粽子。为了包好这500只粽子，居委会特地从崇明采购来最好的粽叶20余斤，从乐购超市购买五花肉、夹心肉20余斤，赤豆10斤。

五、我们的平台：红盾维权工作室

居委会是市工商局红盾维权联络示范点，成立以工商所志愿者与小区退休律师志愿者为主要成员的红盾维权工作室，以北方佳苑 5 号 201 室为工作地点，把维权点设在家门口，帮助居民解决了有关生活、工作等许多牵扯到维权方面的问题。维权小组主要做以下工作：一是大力宣传，除三兴大楼宣传版面外，增加北方佳苑、973 弄的宣传版面。二是利用楼组会议，请工商部门为社区居民宣传维权知识，开办多期讲座。三是利用“百分百”走家门的机会，把维权知识送进居民的家中。四是每周四维权小组坐班为居民提供维权咨询。五是除周四之外的六天安排党员志愿者值班，收集居民诉求。

构建“五治一体”模式
推进“美丽家园”建设

长风街道隆德居委会

隆德社区，地处曹杨路桥苏州河畔，是售后公房与商品房混合的，由多家物业管理的社区，占地面积 3 万多平方米，下属 4 个自然小区，共有 2 431 户，常住人口 5 080 人。连续多年被评为市、区文明小区。

多年来，在“和谐社区”“自治家园”建设中，探索构建和实践“五治一体”居委会自治管理模式，形成了“党总支领导、居委会主导、居民主体多方合作”的自治总格局，推进了社区建设和居民自治。重点突出了三个方面。

一、“五治一体”自治管理模式的构成

“五治”是由导治、分治、自治、共治、长治组成，导治是保证，分治是职能，自治是中心，共治是条件，长治是长效。五治为一体，互相联系、互相促进、互相影响。自治必须在“五治一体”中进行和实现。

（一）“导治”的运作

在“导治”中以“党的导治”为重点，带动“理论、政权、法律导治”的开展。党总支领引方式是：“三个直接参与”，即：直接参与居委会自治重大决策的制订，直接参与重要的自治活动，直接参与重大自治事项的协调。党总支做到了“两个进入、渗透”：一是党组织及其成员进入、渗透居委会、业委会、群团，发挥党组织的领导核心作用；二是党员进入、渗透楼组长、志愿者、群团队伍。

(二)“分治”的运作

在“分治”运作中，主要抓好“三个环节”：一是思想认识到位，运用“定位法”，认识到居委会不仅要做好“行政性”工作，同时还要加强“自治性”工作；二是任务责任到位，运用“任务确定法、工作分类法”，在居委会工作中明确自治任务和职责；三是贯彻落实到位，运用“加减乘除法”，注重把人力、时间、精力用在居民自治的工作上。

(三)“自治”的运作

(1) 自治组织建设：一是加强自治的基础——楼组长队伍的建设，注重“四个抓好”：选举好、培训好、关心好、评选好。二是开展居民自治会议活动，即：“评议会”“协调会”“听证会”“议事会”活动。

(2) 自治制度建设：制订了社区居民的自治章程、自治公约、三会制度、自治家园活动方案等。

(3) 自治团队建设：重点抓两个团队，一是建立、发展社区建设、管理、服务类的志愿者队伍，如：120 人的志愿者巡逻队，40 人的创卫突击队、护河队、草根讲师团。二是社区文化类，引导成立了自治管理的戏曲、舞蹈、歌咏、拳操、编织等队伍。共有 15 支社区团队，655 名志愿者，占总人口的 12.8%。

(4) 自治服务平台建设：成立了四个工作室：“人大代表接待工作室”、顾问服务“好帮手工作室”、业委会监事“老董工作室”、网络论坛“蜜语版主工作室”。

(四)“共治”的运作

建立了党总支领导、居委会主导下“群众自治 + 多方合作”的“共商共治”机制，定期召开各种联席会议，有一套行之有效的运作方式，即六个步骤：明确目标、取得共识、建立会议制度、制订方案、实施落实、检查评价，使自治工作步入常态化、制度化、长效化。

(五)“长治”的运作

为了保证自治的长效管理，做到了“五个必须有”：必须有长效的思想认识，必须有活力的运作机制，必须有稳定的自治队伍，必须有严格的制度保障，必须有完善的评价监督体系。

二、“五治一体”自治管理模式的成效

（一）几个成功案例介绍

1. 社区平安自治

隆德小区是售后公房，存在不少安全隐患，居委会牵头召开了18次多方合作共商会和党员群众议事会、听证会、座谈会，讨论小区安全问题，广泛征求安装监控设备动用业主维修基金的意见、建议，取得共识，启动了维修资金11万多元，安装了“闭路电视监控系统”并规范实施了监督管理，破获了助动车盗窃案、手提电脑被窃等多起案件。“隆德的电子眼”成功经验登报和介绍，推进了其他小区安装电子监控设施，得到了很好的效果。

2. 社区文明自治

水岸豪庭小区原建时没有老年活动室，在居委会引领下，通过多次召开业委会、物业公司、业主代表沟通会、协调会、听证会，有效解决了场地、资金问题，物业紧缩办公用房，腾出了100多平米、投入30多万元建立了老年活动室，推进了小区文明建设，获得了“市文明小区”称号。小区的“百岁老寿星张五保”，四代同堂其乐融融，社区干部、居民为她生日庆贺祝寿。

3. 社区爱心自治

水岸豪庭小区保安甘永奋同志的独生女在婚前被查出恶性肿瘤，昂贵的医疗费用成为全家沉重的负担。由居委会引导，业委会发出了“伸出援助之手”倡议书，小区业委会、业主、物业保安、居委会干部纷纷响应，献爱心，送温暖，捐款11万多元。这不仅是社区爱心的体现，也展示了业委会与物业、业主与物业人员之间和谐的氛围。

4. 社区网络自治

我们建立了以“双版主、双进入”为载体的网上居委会模式，由居委会主任亲自担任版主，对网上居民的呼声、建议、意见，认真回复，网上互动，网下解决。如：我们很好地解决了关于小区修复小木桥、中心花园道路损坏的问题，化解了小区裙房承重墙被敲群体的矛盾等，起到了稳定、和谐社区的作用，连续三年被上海市网宣办评为“双版主、

双进入”优秀奖。

5. 社区服务自治

社区有一支品牌志愿者顾问组，以“奉献、服务社区”为宗旨，开展工作顾问服务、法律咨询服务、居民自治服务、培训教育服务，专门

图1-9 隆德居委会“五治一体”自治管理模式框架

制作了十八大三中全会精神、群众路线教育、推进创卫活动、推进社区自治建设等专题PPT，进行宣传和宣讲，深受居民的欢迎和称赞。

6. 草根讲师团自治

通过挖掘凝聚一批小区的社会知名人士、人大代表、退休教授等人力资源，积极开展“用身边的人讲身边的事”“加强社区自治管理”“普陀区远景发展目标”“低碳环保”等主题的宣讲，实现居民自我教育、自我管理，激发了居民自治的热情。

（二）自治成效

老小区“旧貌换新颜”，新小区“锦上添花”。居委会自治家园的创建，既推进了自治家园建设，也推进了社区建设。获得市和谐社区建设示范居委会、市文明小区、市优秀社区干部网络版主、市节水型小区等各种奖项（参见图1－9）。

构建自治载体　推动和谐治理

殷行街道开鲁三村居委会

开鲁三村居委会位于杨浦区中原路国和路口，占地面积0.67平方公里，其中绿化面积23 000平方米。共有户数1 596户，常住人口3 917人，其中，户籍人口2 895人，外来人口约350人，60岁以上老年人口882人。社区住房多为20世纪90年代初的老式多层公房，是早期安置市中心动迁户以及单位福利分房的项目。产权结构分为售后公房及商品房。社区还有三幢18层的高层商品房，共有户数432户，高层居民人口数和老龄人口数约占社区总人口的四分之一，在册党员数约占三分之一。居民区以设立楼组长的形式加强居民管理，共设立了72个楼组，推选产生了80个楼组长，在册党员221人。其中，三幢18层的高层住房共有12位楼组长。

一、推进居民自治的瓶颈、载体、组织构架和运作机制

（一）居民自治前遇到的瓶颈问题

开鲁三村三幢18层的高层住房，因为是商品房，物业管理费与售后公房有所区别，自然，居民对物业管理的要求也有所不同，与物业公司之间存有意见分歧。同时由于其他一些原因，居民与原物业公司、业委会的矛盾较深，积怨已久，难以化解。在与原物业公司的一场司法纠纷后，矛盾公开、互不信任，关系进一步恶化。难以协调的矛盾关系给大楼公共事务的处理带来了诸多不便，也不利于居民利益诉求的及时解决。

（二）居民自治载体的形成过程

虽然楼内居民与原物业公司、业委会积怨较深，但大楼各层的楼组长群众基础好、干群关系融洽、服务群众的意识较强。在此背景下，开鲁三村居民区党总支、居委会萌发了引导三幢高层居民创新载体，开展居民自治的想法，以此作为物业公司、业委会、居民三者之间的沟通桥梁，协调处理居民诉求，携手助力社区管理。2011 年底，三幢大楼在居民区党总支的指导下，从 12 位楼组长中选出 6 位楼组长（其中 4 名为党员），成立了大楼自我管理小组，并由楼组长、居民区党总支委员杨梅芳同志担任大楼自我管理小组组长，以发挥党组织的引领作用。

（三）居民自治载体的类型和组织结构

（1）载体的类型。“邻里之家”大楼自我管理小组是一个协商议事组织，负责居民与物业公司、业委会之间的信息沟通、交流、反馈，最大限度减少三方的正面接触，有效缓解矛盾冲突，致力于高效、快速解决居民的利益诉求，充分体现了民主价值、自治精神和服务导向。

（2）载体的组织结构。“邻里之家”大楼自我管理小组为矩阵式组织结构。

如图 1－10 所示，自上而下看，管理小组要接受居民区党总支、居委会的上层领导，同时也摆脱了行政化的倾向；自下而上看，小组成员全部由大楼居民从 12 名楼组长中推选产生，体现了自我管理、自我服务、自我教育、自我监督的居民自治特点；从横向关系来看，管理小组可以就大楼管理中出现的问题及时有效地与业委会、物业公司进行协商讨论，充分发挥其桥梁纽带的作用。与此同时，管理小组还吸纳兴趣小组、志愿者加入社区服务队伍，加强了管理、服务的能力。

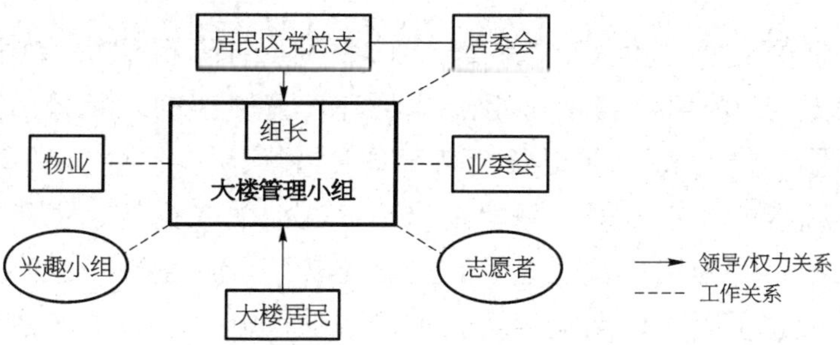

图 1－10　“邻里之家”大楼自我管理小组组织结构

(四) 居民自治载体的运作机制

(1)“四步工作法”创新运行机制。“邻里之家”大楼自我管理小组的管理运行，按照规范化、程序化、民主化的方式有序进行，运用“四步工作法”开展居民自治。一是坚持组织引导，做到“组织推荐、群众选择、党员率先”。“邻里之家”成立之初，党总支就推荐总支委员、楼组长杨梅芳任小组负责人。由于她能干事、会干事，口碑好、威望足，很快顺利当选。与此同时，大楼居民从自身群体中寻找利益代表，各大楼的楼组长因亲和力、行动力和参与自治的热情较高，成为大家的选择。2011 年底，经大楼居民民主推选，每栋大楼 2 名，共 6 名楼组长当选为“邻里之家”大楼自我管理小组成员。二是增强民主协商，做到“大家评，大家议，我的事情我做主”。大楼自我管理小组因地制宜，利用大楼里废弃的“垃圾房”设立“邻里之家接待室”，对居民群众个性化、碎片化的需求和诉求进行收集汇总和梳理。每周一次的“邻里之家民主议事会”上，各位组员对大楼公共事务、居民需求建议等开展民主商议、共议共决。三是扩大有序参与，做到“邻里之家为大家，大事小事都能抓”。民主议事会对议题进行汇总提炼后，小事自己联系解决，对涉及社区公共事务的大事，则及时上报居民区党总支，纳入每月一次的小区各方联席会议进行协商，同时对涉及大楼的公共事务、实事项目和交办任务，做到有效参与、共商共议。四是落实民主监督，做到“工作好不好，居民说了算”。对联席会议确定的事项和工作安排，管理小组通过“一室两会”自治渠道、楼组长例会、上门宣讲走访等多种形式向大楼居民宣讲通报，主动接受居民评议。同时，对决议落实情况进行跟踪，督促业委会、物业公司和居委会的各项工作，确保决策事项“落地见效”。

(2) 资源支持提供运作保障。针对小区内闲置住房有限的困境，“邻里之家”大楼自我管理小组因地制宜，将废弃的垃圾箱房进行简单的修缮粉刷，作为每周楼组长接待日的固定场所。同时，从 2011 年开始，三幢高楼的业主取得了每幢楼 108 室的经营收益权，每年收取近三万元的租金，作为自我管理小组的主要经费来源。管理小组还在大楼的门卫室前设立了废旧物品收集点，把楼组居民随手扔掉的废品收集起来变卖，作为日常管理开销的补充资金，有效解决了管理、服务中资金短缺的难题。为了规范财务管理，每幢楼由两位楼组长分别负责收入和支出，并且将每项财务开支都在公告栏进行公示，做到信息的透明、公开。

（3）服务延伸完善自治功能。“邻里之家”自我管理小组在居民管理工作之余，还承担了部分社区服务功能。如每周五定期为小区老年人测量血压，每月15号为老年人提供理发服务，对行动不便的老人免费上门。不定期看望孤老、重病患者、残疾人等弱势群体，给他们送去温暖。通过温情服务，大楼自我管理小组的功能得到了进一步延伸，更加密切了管理小组与居民之间的关系。此外，“邻里之家”自我管理小组通过为居民搭建休闲娱乐平台，举办唱歌、跳舞、沪剧学习等文娱活动，丰富社区居民的文化生活，增强居民的归属感。扮演“老娘舅”角色，积极化解邻里纠纷，促进社区和睦，深化居民社区认同感。

二、居民自治载体的成效

“邻里之家”自我管理小组自成立以来，积极发挥沟通桥梁作用，有效解决了各类棘手问题，化解了矛盾冲突，协调了利益关系，使三幢大楼从昔日居民不满意、物业不愿来的“明星大楼”，转变为如今居民、业委会、物业公司多位一体、其乐融融的和谐家园。

（一）社区矛盾得到有效化解

“邻里之家”大楼自我管理小组以居民利益诉求为抓手，以沟通协调机制为平台，以寻求矛盾的有效解决为出发点和落脚点，重视建立交流渠道，树立信任机制，开展社区活动，组建兴趣小组，加深居民感情联络，将居民的心凝聚在一起。心气顺畅了，戾气消减了，和谐更多了，自治的活力与优势得到充分展现。

（二）民生工作得到切实推进

两年多来，“邻里之家”大楼自我管理小组以居民需求为导向，立足社区实际，通过小事自己联系解决，对涉及社区公共事务的大事及时上报居民区党总支，纳入每月一次的小区各方联席会议进行共商共议解决的方式，为大楼居民办实事、办好事，平稳顺利地解决了多起久拖不决的历史遗留问题、居民怨声载道的社区乱象、争执不休的邻里纠纷，成功推进了空调落水管整修、电梯翻新、停车位改造等问题的解决，居民切实受益了，满意度提高了，社区的认同感和归属感也增强了。

（三）自治意识得到明显提升

大楼自我管理小组自治和党总支的引导有机结合，使“邻里之家”成为小区管理的有效平台。制订《居民自治章程》，为居民参与社区治理提供了明确的方向，居民参与社区管理的热情日益高涨，积极性不断提高，居民能使劲，事情对胃口，自治意识、自治水平得到大幅提高。

三、居民自治的启示

（一）党的领导是关键

自我管理小组是在社区党总支的领导下，通过民主选举的方式产生的，自觉接受社区党总支的领导和管理。党的领导为基层自治指明了方向，明确了思路，保障了各项工作平稳、有序地开展。在选举产生的六名楼组长中，4 名为中共党员，在基层自治中发挥了中流砥柱的作用，引导和帮助自我管理小组的创建和发展，为管理小组奠定了必要的组织基础和人事基础。

（二）互信包容是基础

自我管理小组是在居民、物业公司、业委会充分信任、包容、支持的基础上建立并授权运行的，其成员组成也是由居民选举群众信任度高、群众基础好的楼组长担任的，为管理小组后续工作的开展奠定了扎实的根基。在实际运行中，管理小组更是充当了居民利益的“代理人”，居民放心将各种急难愁问题上报管理小组，由小组出面与物业公司、业委会协商解决，居民充分尊重和理解协商解决方案，并愿意贯彻落实，这充分体现了居民、物业公司、业委会对管理小组的信任。

（三）有效沟通机制是保证

三幢大楼内居民、物业公司、业委会之间矛盾加剧，积怨较深，缺乏有效的沟通平台和机制是原因之一。自我管理小组的创立，搭建了三方协调沟通的平台，将相互对立的矛盾主体有机联系起来，帮助三方求同存异，化解分歧，达成共识，促进问题的有效解决，实现共赢，为维系社区的长久和谐提供了必要的制度保证。

（四）问题导向是突破口

自我管理小组在收集民情民意的过程中，坚持以居民反映最强烈、问题最突出、矛盾最尖锐、利益最攸关的重点难点问题为突破口，树立问题意识，突出问题导向，迎难而上，敢拼敢干，切实解决了困扰居民多年的电梯翻新、空调落水管整修、停车位改造等问题，帮助居民化忧解烦，实现了居民利益的最大化，保障了居民的安居乐业。

搭建平台、汇聚人才　居民自治显活力

古美路街道古龙三村居委会

古龙三村新时代景庭小区是一个“三多”的商品房小区，白领人士多、知识分子多、新上海人多，居委会通过“三个一”，引领居民通过民主协商的方式，积极有效地参与到居民自治中，感受自治带来的归属感和价值感，小区也在自治中充满活力和生命力。

一、搭建一个参与平台，形成自治共识

居委会以原先居民自发形成的“爱心互助会”为基础，通过积极了解居民需求，整合、培育小区各类团队，广泛召集团队骨干，群策群力设计运作机制，搭建起居民自治的枢纽型平台——“爱心互助”居民自治理事会，这一平台的建立，凝聚了人心，扩大了居民的参与度，激发了居民的民主热情，畅通了民意渠道，从而使居民的民主管理意识不断增强、民主管理内容不断丰富、民主管理功能不断完善、民主管理成效不断扩大，推进了社区民主自治。

“爱心互助”居民自治理事会，下设八大专业委员会，分别是和睦团结民政委员会、协同内外宣传委员会、古道热肠调解委员会、美化环境卫生委员会、品味生活妇代委员会、志同道合议事委员会、生机盎然睿智委员会和活力社区联动委员会，以五加三的模式，涵盖了快乐小陶子、小梨子、清心之源敬老爱老团队、党群议事会、全民大联动等各方面的工作，管理小区 25 支志愿者团队。八大专业委员会建立“请出来集中听、走进门个别听、搭桥梁广泛听”的民意收集机制，尊重民意、广开言路，了解掌握居民盼在何处、急在何事、难在何方，通过自下而上的方式，兼顾民意收集的广泛性和针对性，提升服务开展的有效性。

自治理事会通过联席会议的例会制度，搭建起居民讨论、议事和协商的平台，形成小区公共事务内部协调处理的“消化站”，对于关乎居民切身利益的公共事务，民主协商后，形成汇集民智、服务群众的项目议题。

二、汇集一批专业人才，凝聚自治力量

平台，是居民参与自治、形成自治意识、达成自治共识的前提和基础，在这一平台上，居民需求得以充分反映和聚焦。然而如何让共性需求得到有效解决，是平台价值体现的关键所在。我们通过建立人才资源库，使小区中的各类资源得以充分整合和盘活，让有才能、有资源的居民帮助没有资源的居民。居委会通过各种为居民办事、服务的机会，“有心”发现人才；通过站在对方立场，满足心理需求“真心”请出人才；通过注重日常联络，困难时刻给予帮助支持，“用心”维系人才；通过用人用在点子上，“小心”使用人才。经过多年“四步法，四颗心”的挖掘和凝聚，小区汇聚了210多名人才，有的是医生、教师、律师，有的是绿化局、教育局的工作人员、领导，有的是企业老板等等，他们有能力、有爱心，乐于奉献，逐步成为小区自治团队的领头人。如：我们小区有本独具特色的台历，台历的设计、印制、发送都是由人才资源库的居民“一手包办”。爱好摄影的居民自发组成设计小组，讨论研究制订具有小区特色的台历；被列入人才库的居民吴先生出资印制台历，送到每家每户居民手中，共享居民自治带来的归属感和成就感。

居委会还特别注重把小区中有资源的年轻人凝聚起来，邀请他们为小区服务。如，“快乐小陶子”少儿服务团队的发起者葛剑奕是位年轻妈妈，她很喜欢给孩了讲故事，更希望孩子们能在一起读书，一起玩耍，在学习互动中，结成小伙伴，增进友谊，见证成长。居委会很支持她的想法，把她纳入人才资源库，并积极牵线搭桥，协助她成立“快乐小陶子”少儿服务团队。“快乐小陶子”现在是小区孩子们的亲子乐园，通过读书、游戏等各类亲子活动，提高孩子们的学习兴趣和沟通交流能力，既增进了亲子感情，又促进年轻父母之间的交流。又如，我们小区还有自己的健康咨询团队——“清心之源”爱老服务团队，这个团队也是由人才库中的年轻人宋清倡导提出的。居委会挖掘其身后的专业心理

志愿者队伍这一资源，支持帮助她成立“清心之源”爱老服务团队，并整合小区内的医护专家、专业心理咨询师，进一步丰富服务团队的功能。“清心之源”主要关爱小区独居老人、残疾人等的身心健康，若有居民觉得身体不适，心情不舒畅，都可以预约“清心之源”的专业医生为他们提供服务，使居民特别是老年人在小区就可以享受到便捷、专业的医疗服务，体会到心灵的关爱，感受到社区大家庭的温暖。人才资源库发挥了居民的特长和优势，让居民在帮助他人时感受到满足感，在受助于他人时感受到归属感。

三、踏上一个新的台阶，提升自治成效

在市委一号课题的大背景下，古美路街道将居民自治作为街道2015年五大重点项目之一，“做实基础版、做强提高版、做活特色版”，全面推进居民自治建设。作为起步较早、有一定基础和积累的小区，古龙三村居委会申报了居民自治特色版，目标是进一步激发自治活力，重点做到以下三点：第一，通过健全自治章程和民主协商议事机制，引导居民更有序、有效地参与自治，增强居民的自治意识，发挥居民主体作用。第二，进一步发挥年轻白领的作用，立足小区日益增多的亲子、为老服务等方面的需求，努力挖掘上班族的相关资源，增强自治能力和活力。第三，加强与社会组织的合作，努力对接小区居民需求与社会组织资源，积极支持、协助社会组织参与居民自治，进一步拓展自治力量。

希望在居民自治特色版的创建中，“爱心互助”自治理事会这一平台能够进一步扩大小区居民接触、沟通的交集面，拓展民主协商小区公共事务的空间，进一步激发居民为小区服务的热情和能量，努力实现“五个让”——让居委会的自治功能得到回归，让居民参与自治和民主议事协商有制度性安排，让居民的诉求通过居民代表、楼组长等的民意渠道得到反映，让党员在社区中发挥作用有平台，让群团领袖的社会价值得到体现。

“和”美家园　“谐”手探索

高境镇共和三村居委会

共和三村社区位于宝山区高境镇西部，始建于20世纪90年代中期，辖区东起阳曲路，西至岭南路，南与闸北区景凤小区相邻，北至共康东路，占地面积约11.3万平方米，绿化面积1.6万平方米。共有楼房22幢，76个门栋，总户数884户，常住人口约2 580人，文化团队9支。近年来，共和三村在创新社区治理工作中进行了有效的探索，带动了民主和民生的相互促进。

一、积极探索社区自治，掀开民主自治的新篇章

居委会成立于1999年12月，当时的公建配套极不齐全，小区各类会议和活动用房仅15平方米，难以满足居民日益增长的文化活动需求，小区的金秋书画社等文化团队活力无处施展。正值此时，原小区南侧的北长浜在市政改造时成了臭气熏天的垃圾场，书画社等团队要求将之改造的呼声日益高涨，相继提出变荒地为活动室，并主动设计了图纸。在政府和居民的关心、支持下，2006年3月，250平方米的活动室建成了，并命名为“和园”。这是小区迈出民主自治的第一步，也为自治家园的建设奠定了坚实的基础。

二、深化整合社区资源，拓展民主自治的新途径

居委会着力整合社区资源，发挥各方优势，充分调动居民参与社区

事务的积极性，引导和组织居民在社区民主管理中发挥作用。形成了居民区党组织领导、居委会组织推动，以和园为中心，辐射出包括议事厅、紫藤情、智囊团、文艺团队、楼组会等形式的自治平台，让居民群众在基层、政治、文化和其他事务中切实能够当家作主，自我管理、自我教育、自我服务，形成党领导下的充满活力的居民自治机制，激发社会活力，有效促进公共服务与社会管理的双重改善。

（一）通过设立议事厅，召开楼道会、民情恳谈会等，加强居民之间的互动交流

居民会议是社区居民参与自治的有效形式，是解决居民之间摩擦、促进居民互相理解的良好途径。每次团队活动结束，都组织在和园议事厅召开议事会议，共议社区大事小事。每月5日召开楼道会，由楼组长收集社情民意。在居委组织下，每月召开民情恳谈会，汇总本月事务，整理归类提交居委统一处理。如：原北长浜有86棵水杉树，天长日久，越长越高，影响了小区部分居民的采光和通风，居民们在楼道会议中多次提出该问题，后在议事厅也多次召开会议，经讨论后提出了几种解决方案，随后向居委会和物业公司反映，经区人大和区绿化管理部门研究同意并公示后，于2009年11月，成功将86棵水杉树迁走，并在原地改种腊梅、罗汉松和麦冬。

（二）通过组建“社区智囊团”和“社区管理监督员队伍”，增强居民民主参与意识

通过居民自荐和民主推荐等形式，在居民区发出“英雄帖”，招募阅历深、威信高、脑子活、愿奉献的老党员、老干部、老教师，共同组建“社区智囊团”。智囊团有固定班底，每月在议事厅定期召开会议，专攻社区日常管理的“疑难杂症”。多年来，通过社区智囊团的出谋划策，我们已经解决了多件棘手的问题，他们自发地聚集在这里，关心着小区的一砖一瓦，改变着小区的点点滴滴。如：小区的环境十几年来从未进行过大规模整治，杂乱的绿化给小区的卫生、治安工作带来了很大的难题。为扭转这个局面，智囊团成员在“和园”召开了多次会议，共同谈论解决环境问题。退休于市绿化局的李师傅是我们的老居民了，他作为此次绿化整治的顾问团长，带领智囊团成员协助居委制订具体实施方案。经过居民、居委会和物业的共同努力，共和三村的面貌焕然一新，居民们无不拍手称快。又如：共和三村有76扇电子防盗门，由于物业缺少此项维修保养费，造成防盗门损坏后无法及时得到修理，给居民们的生活安全埋下了隐患。为解决这个问题，社区管理监督员队伍积极召集热心的居民又在“和园”讨论开了。因为维修费涉及整个小区的每户人家，他们想了又想，方案改了又改，最终于2009年3月提出了《关于防盗门维修保养费用同意支付的初步方案》，此方案获得百分之七十以上居民的同意，最终顺利执行。

（三）通过居委规范引导，促进自治稳步迈进

社区自治既需要大力培育，也需要规范引导。居委会通过社区宣传版面，及时报道小区的自治活动，扩大影响面，引导居民民主、有序地参与。在社区中，组织楼组长开展以带头学习知识、带头维护稳定、带头扶贫帮困、带头建设家园、带头自治管理的“五带头”活动；鼓励楼组长成为自治思路的宣传员、邻里矛盾的调解员、小区信息的通讯员。与此同时，要充分发挥先锋模范作用。如：通过设立党代表联系制度，将党组织网络延伸到文化团队中，做到团队基本情况、思想动态、愿望诉求“三掌握”，立足把握社情民意，把党支部的指导思想渗透到团队，为自治提供组织保障。党支部、居委会相互配合、相互补充、相得益彰，共同为社区建设出谋划策，提高社区管理的水平。

三、培育发展社区团队，推进民主自治的新发展

为不断推进社区民主自治，针对共和三村居民素质较高、人才资源较丰富、老年人较多的客观事实，居委会以积极培育和发展文化团队为切入点，让居民在参与文化团队活动中实现“三自”。如：“金秋书画社”社长朱佐有很高的文化素养和艺术造诣，他擅长书画、篆刻，但你绝不会想到，朱老伯是位残疾人，他双耳失聪，平时与人交流全靠笔谈。但这丝毫没有影响他的教学，他把自己的一技之长毫无保留地传授给了小区居民。正如朱佐所说，他只是起了个好头，搭建了一个平台，关键是要让小区里更多的人走出来，共同参与，这样才能把社区建设成为学习型小区、文明小区、和谐小区。

以“金秋书画社”为起点，越来越多的团队活动已经开展得有声有

色，他们把社区的教育和文化融进了居民的生活。以前，适合老年人的社区活动并不多，一些不甘寂寞的退休干部、教师、医生等根据个人的特长，自发组团，特色团队一经亮相，便受到居民们的热烈欢迎，队伍也迅速茁壮成长起来。由退休教师、医生组成的“市民讲师团”堪称特色团队的经典，自成立以来，“讲师团”已为小区居民举办免费讲座数十场，上千人次参与。公民道德、时事政治、健康理念……“讲师团”成员娓娓道来，相约结伴前来听课的居民越来越多。

文化团队活动可以提高社区的凝聚力，增强居民的自我认同感，拓宽居民参与自治的渠道和领域。书画社、戏曲队、编织组、乒乓队、歌咏队、木兰拳队、健身操队、读书组、太极拳队等这些文化团队已经成为既是学习场所，又是居民参与民主自治的平台。自“和园”成立以来，共举办各类讲座 145 场，文艺汇演 39 场，大小会议 270 余场，而“和园议事厅”则已经成为为小区公共事务管理建言献策的最有效平台。

根据自身特点，充分挖掘资源，居委会在探索社区民主自治、群众工作新方法上进行着有效的尝试，取得了良好成效。我们将不断摸索、改进，努力形成党组织领导下的充满活力的社区民主自治机制，同心协力，在温馨团队活动中不断运用社会动员方式，畅通居民利益诉求渠道，让“和园”的魅力愈发无限，让居民的笑容更加灿烂。

自治清峪　和谐家园

真新街道清峪居委会

清峪居委会成立于2008年1月，管辖范围：东至丰庄路、南至清峪路、西至外环线路、北至金沙江支路，管辖面积约19.15万平方米，有都市港湾、金沙丽晶苑、嘉乐之春、金沙嘉苑等5个小区12个居民小组，总户数2 476户，常住人口8 071人。清峪社区在居民区党组织领导下，在居委会的组织和发动下，逐渐形成了由一“室”、一“站”、一“中心”，二“部”、二“会”、二“沙龙”组成的崭新自治家园格局。依靠自我管理、自我教育、自我服务，以积极昂扬的热情投入“生态清峪、和谐家园”的品牌自治家园的建设中。

一、促进和睦、化解纷争，居民自治确保社区和谐

社区中的矛盾绝大部分都能在社区自我搭建的平台上得以缓解、加以消融。社区居民中深藏着不少知晓国家法律法规、热心社区调解工作的居民志愿者，激活他们的能量，将缓解群众矛盾，缔造睦邻和谐。因此，友好调解工作室应运而生，居民志愿者理所当然地成了工作室中的“老娘舅”“老舅妈”，他们自建制度章程，轮番值班守候，为社区有需要的求助者提供必要的帮助。

上海地铁轨道交通13号线丰庄站，就建在我社区新郁路199弄都市港湾小区靠金沙江路的围墙边上，起初得知消息的小区居民，为此满心欢喜而彻夜难眠，因为他们明白，地铁的延伸将为城乡结合部居民的出行带来便捷。然而，当打桩机垂直铿锵地砸向几十公尺的地下层，大型货运卡车的日夜轰鸣，及随之扬起的几十米高的尘土，他们的态度发生

了转变，不再只是憧憬未来坐在地铁上的那份惬意，而是用愁容委屈的双眼直盯着工地，发泄内心的愤懑和不满，并多次到友好调解工作室投诉。

友好调解工作室接到居民投诉后，及时向上级领导进行了汇报，并与承接轨道交通 13 号线建设的申通公司取得了联系。该案经领导大力支持，多方牵头联系市、区重大办等多个部门，由友好调解工作室的同志上门取证，搜集第一手资料；多次联系到施工方，叫他们深更半夜卸货要轻；多次向居民宣传作答，牵线调解；在充分尊重社区民意的基础上，投票请第三方专业公司对房屋质量检测后对居民做出相应补偿，居民与施工方之间的矛盾渐渐平息。友好调解工作室王芬、邱俪华、刘倩、方夏等多名居民志愿者的名字也被小区群众铭记。

现如今，小区老百姓有了矛盾都爱找到社区友好调解工作室，工作室成了大家咨询法律、解决诉求的排忧降火场所。

二、取信于民、服务自我，居民自治提供雪中送炭

为了使每一位普通居民都能了解、享受到社区“一门式”跨前服务，同时又能使居委会及时掌握居民的急、难、愁需求，从而提供快捷服务，社区居民自发成立“雪中炭民生服务站”，通过服务站，接触排摸工作的开展，使社区“一门式”服务的覆盖实施能量得到有效释放。

“雪中炭民生服务站”成员来自辖区内的各个小区，成员都有着一个共同的使命：为居民区每一户弱势群体、困难家庭、发生重大不幸变故家庭，提供雪中送炭式的跨前民生服务，提高了社区帮困救助的效率和影响。

王某某是住在本社区都市港湾二期小区 53 号 1303 室的居民，其年过中旬的独生子身患精神疾病需要特殊照顾，老实年迈的夫妇俩又是多种疾病缠身，面对着没有希望的家庭，夫妇俩整天愁眉苦脸、唉声叹气，多年维持下来，家庭在经济上已是捉襟见肘，精神上也越来越力不从心。“雪中炭民生服务站”成员徐金梅将这个家庭的详细情况公开在了服务站的工作例会上。针对该户家庭的特殊情况，服务站为他们设计

出民生救助方案：① 请他们放下包袱走出家庭，参与社区各类活动，放松心情；② 为他们牵线结对机关、共建单位，给予一定的经济资助，缓解生活压力。之后的变化令人欣喜，母亲当上了整治环境的志愿者，儿子也出现在了社区乒乓大赛的领奖台上，家里传出了久违的笑声，希望被重新点燃。

自“雪中炭民生服务站”启动后，社区民生服务的外延被大大拓展，广大居民因我有而人没有的跨前服务而备受鼓舞，服务站成员也因无愧于“雪中炭”的站名而感到自豪！

三、群众织网、脉络四通，居民自治构筑平安防线

为了紧密配合街道蜂窝整合大联勤工作的深入推进，社区成立了蜜蜂式小联勤管理中心。依托“联网”“联动”“联助”“联勤”“联评”的“五联”工作法，深入开展社区居民工作，要求每一名骨干常态联系几十户居民户代表形成“片网”“域网”，建立块区民情档案；在每个块区建立党群议事会，带领社区干部群众参加社区党群议事；在了解各类群众的需求和困难后，结对互助，组建社区党群联勤志愿者工作队，助推社区“小联勤”工作，有力拓展联勤体系，提高社区联勤工作成效；发挥社区监委会的作用，社区工作的好坏由群众来测评。

蜜蜂式小联勤管理中心派出的居民志愿者昼夜巡逻在小区的每一个角落，自我管理着自己生活的家园。都市港湾小区 7 号楼发现 5 楼一户家庭阳台着火，当场发动周围居民及物业保安合力将火苗浇灭；发现 10 号楼有人欲跳楼寻短见，立刻请来调解室同志解决家庭矛盾，恶性自杀被抢先制止；13 号楼有一位 9 旬老太失忆找不到家，瘫坐小区草坪，管理中心志愿者一边安抚老太，一边联系家属，像蜜蜂采蜜一样联合执勤于各个居民小区。

目前，蜜蜂式小联勤管理中心已无缝对接于街道大联勤指挥中心，为即将开展的蜂窝整合行动，承接好一方采蜜的任务担当。

四、关注服务于妇女儿童，居民自治打造欢乐之家

清峪社区商品房性质的格局，使得小区居民间相互不串门、不联络，而居住其中的全职太太占有相当的比例，她们追求时尚、热爱生活，有着强烈参加社会活动的内在渴望。

小蕾太太俱乐部关注这一群体，成立开展家园自治活动，举办了“女性心理知识讲堂”“婆媳沟通艺术讲座”，以此提高居家太太们的内在修养；通过“太太厨房秀”“家庭插花评比”活动，体现太太们的贤惠精干；“女性风采照片展”，吸引了众多知性妇女参展，充分展示了当代女性的清纯时尚、靓丽自信。她们在俱乐部活动中传播化妆礼仪，交流计生教育，在俱乐部的太太时装表演会上，她们把自己打扮得娇艳妩媚、芳香美丽，仿佛顷刻间重拾青春、气韵依旧。从此，居家太太们有了属于她们的小蕾太太俱乐部之家。

晶晶宝宝俱乐部的诞生，起源于各小区近年来年轻夫妇结婚户剧增，新生儿也随之大量降临。新生儿的父母多是身为独生子女的80后，他们缺乏哺育婴幼儿的经验，可对下一代养育的期望值却非常之高。为此，晶晶宝宝俱乐部推出的孕间胎教、育儿课堂、学前教育的超前育儿主张得到了宝宝家长们的青睐。各类贝贝亲子活动、宝宝集体活动也招来了大量宝宝的热情参与。

五、发散思维、挖掘需求，居民自治实现兴趣之家

随着中国经济数十年持续稳步的发展，经济基础较好的清峪社区老百姓过上了衣食无忧的温饱生活。还有剩余积蓄怎么办？旅游、理财成了相当部分居民的选择，人们渴望得到好的理财指导，相匹配的旅游讯息。

自由发起的璐璐驴友会通过QQ群，组织社区爱好旅行的驴友们学习探讨国内游、境外游、自驾游，交流旅游信息，回味出游体会，结伴

开展社区旅游和自主旅游。先后组织过江苏常州淹城一日游、浙江桐庐两日游等。驴友们还在绍兴新昌两日游中瞻仰了鲁迅先生的故居。同时，还组织了六七辆小轿车，约30余人到崇明自驾游，畅游了东平国家森林公园，品尝了农家美食。

蓓蓓财友会成立至今三年多，定期开展活动。财友会与社区附近许多财经共建单位——中国银河证券公司、中国农业银行、民生银行、建设银行取得联系，为社区财友们举办理财讲座、财经论道。

财友会召开社区财友年度、季度会议，定期组织户外活动、理财知识竞赛，交流理财信息和投资技巧。联合中国银河证券公司共同承办社区文艺演出，受到了社区各界人士的普遍欢迎，增进了同共建单位之间的感情，提高了共建企业的社会责任感。

六、引领生态、提升文化，居民自治建设健康之家

社区相继成立阿明健康环保沙龙、Star文教戏曲沙龙，展开了一系列的沙龙活动。

阿明健康环保沙龙成立后，人员、阵地不断扩大。“最近血压高不高、稳不稳定；心跳好像没有以前那么快了，饮食上还要注意点啥?”“你那毛病我以前也患过，我来把经验告诉你!”该自我管理小组就是通过经常性地开展活动，来提高人们对身体疾病的认识，交流健康态度，培养养生之道。还先后联合社区医院、退休居民医生举行养生讲座；联系共建单位——美尔雅美容整形医院设摊进行中医问诊，均受到了广大居民的积极响应和参与。

沈恰云是居住在社区的一名老党员，也是一名曾经拿过全国太极拳冠军的太极拳宗师，在他的带领下，参加沙龙的居民不但拳艺进步迅速，屡次在市级、区级比赛中得奖，而且团队形成了团结、信任、向上的良好氛围，为阿明健康环保“沙龙”普及太极拳运动，提倡健康运动、增强居民体质，进行了有效的示范。

“创意生态清峪，倡导绿色出行”的横幅在起点拉起，随着一声发令枪响，在“低碳出行，骑乐无穷”绿色队旗的引领下，以阿明沙龙成员为主的社区自行车队出发了，沿途的人们从统一的运动服、整齐的车

队里，读出了生态清峪的健康寓意。

Star 文教戏曲沙龙也没闲着，他们充分利用这些场所，为居民提供各类群众文化活动，建设社区睦邻文化以加强广大居民的归属感。Star 沙龙活动丰富多彩、秩序井然，人们在多功能室翩翩起舞，欢歌嘹亮；在电脑机房中敲击键盘、点击鼠标；在阅览室里翻阅篇章；在健身房里挥汗如雨。

辖区内有一绿地公园，也成了社区“沙龙”活动中延伸的一道睦邻风景。清晨，人们早早地来到这一空气清新、环境优美的公园绿地挥拍羽毛球，排着齐整的队伍跳着简易的韵律操；唱上一段儿、合上一曲；挥掌击腿、遛鸟谈经，一派睦邻祥和的和谐景致，美不胜收！

七、结　　语

社区管理就像一条河，一条不断流淌着的河！它离不开全体居民广泛参与的涓涓细流的汇集，离不开社区工作者善治的开渠引领。清峪自治家园建设使人们从小家来到了大家，由生人变成了熟人，给老百姓带来期盼已久的对居住社区的归属感、认同感、幸福感，其必将注定在未来社会管理工作中走出一条新路。

自治开心坊　编织邻里情

新成路街道迎园居委会

迎园社区位于嘉罗路以东，新成路以西，南至斜径河，北至迎园北路。社区由6个坊（小区）组成，共有151个楼道、2 784户居民，建筑总面积16.9万平方米。由于小区建造于20世纪90年代初期，基础设施相对落后，物业管理水平相对较低，社区人员结构存在老年人多、来沪人员多、困难群体多等特点。居民对社区的医疗、卫生、文化、服务、物业管理等需求在不断增加，居民对社区的依赖也愈来愈强，这都对社区建设与服务提出了新的要求。

一、居民自治六大平台

为了更好地发挥居委会自我服务、自我教育、自我管理的自治功能，在社区党总支的引领下，居委会倾听居民呼声，聚焦居民需求，更新工作理念，积极探索居民自治新途径和新方法。结合居民区的人员结构特点及百姓需求等实际情况，于2010年11月起，开展“自治开心坊”自治家园建设，围绕“开展健身活动、活跃社区文化，组织便民服务、创导邻里互助”的主题，创设“街坊议事园”，让居民当家作主。以“健身加油站”“市民读书点”“睦邻同乐楼”“邻里都市会”“爱心互助社”“街坊议事园”“小区管委会”等为活动载体，搭建了畅通群众诉求的信息平台、汇聚群众智慧的议事平台、维护群众利益的协调平台、方便群众生活的服务平台、吸引群众参与的娱乐平台、促进楼组和谐的睦邻平台，凸显自治功能，通过“自治开心坊”的建设，促进社区居民相识、相认、相知、相助，为百姓提供全方位、零距离、人性化的服务与关怀，使之成为构建和谐社区的有效载体。

(一)听民声、知民意，搭建畅通群众诉求的信息平台

“自治开心坊”的成立，畅通了居民群众与居委会沟通的渠道。为了更好地联系群众，我们在每个楼道设置了“信息直通车”，定期公布社区活动信息，居民可以随时掌握社区各类活动信息，也可以向社区反馈各类需求；同时在每个楼道和每支群众团队中都安排了信息员和党员联络员，居民意见都能在第一时间得到反馈，并通过及时沟通、多方协调、妥善处置，有效维护了一方平安。

如每天早晚有三支队伍约200多人同时在迎园广场锻炼，由于不同的音响同时在一个地方播放，难免会产生互相干扰，群众互相埋怨，矛盾容易激化，有人甚至扬言要用武力解决，如果直接到现场调解，处理不当容易引起事态扩大。居委会借助“自治开心坊”这一亲民平台，召集三支团队的信息员和党员联络员，反复商议后形成一致意见，决定采取错时锻炼和控制音量的办法解决，并由联络员与群众面对面交流，晓之以理、动之以情，教育群众要互相谦让、互不干涉、文明健身，有效平息了一场风波。

(二)聚民智、议民事，搭建汇聚群众智慧的议事平台

“社区是我家，建设靠大家”，这句话成为迎园社区“自治开心坊”的真实写照。为了搭建居民群众参政议政的载体，我们在每个小区都成立了一个“自治开心坊”之“街坊议事园”，由住在小区的社区两委会成员牵头，分片社工联系，业委会负责人、业主代表、居民代表、团队骨干等参与，针对居民群众集中反映的问题、小区建设管理中存在的不足、居民群众共同的期望等，开展议事活动，大家畅所欲言、出谋划策、现场巡视，最后权衡利弊，在遵守业主议事规则等相关规定的前提下，以维护大多数居民利益为出发点，共商共议、形成决议后落实解决。2010年以来，就迎园五坊小区绿化改造、十一坊小区增设停车位和安装紫藤架、十坊小区安装门禁系统、七坊小区设置自助绿化角、各小区设置居民集中晾晒点、小区车棚安装充电器等事项，分别召开了“街坊议事园”议事活动，形成共识并提交全体业主讨论通过后，得到了一一落实，居民们无不拍手称赞。

“街坊议事园”的实施，使社区事务管理更加公开透明，把居民从评判者、观望者变为参与者、实践者，群众参与的热情得到进一步激发，有效推进了社区自治建设。

为了让居住在社区占居民总数四分之一的来沪人员共同参与社区建设，在2011年成立“新迎园人计生协会”的基础上，又推选成立了迎园社区“新居民党支部”和“新市民管理委员会”，将一批热心公益、热爱社区，有能力、肯奉献的新市民“精英”推选为领袖人物，通过他们引领来沪人员开展居民议事、群众文体、便民服务等各种自治活动，最大限度地调动来沪人员的智慧和力量，吸引越来越多的来沪人员参与社区公益活动、文体活动、事务管理、志愿者服务等，提高了来沪人员的社区认同感和归属感。

（三）贴民心、解民忧，搭建维护群众利益的协调平台

居委会根据社区实际，于2009年成立了“自治开心坊”之“社区老娘舅工作室”，聘请社区内德高望重的7位老党员、老教师担任“社区老娘舅”，每天轮流值班，接待居民来电来访，耐心倾听来访者心声，调解家庭、邻里纠纷，协调沿街店面、物业公司等与小区居民之间的矛盾，维护居民公共利益，维护老年人合法权益，开展心理疏导谈心活动，排解老年人的心理孤独。四年来，社区老娘舅共接待居民来访220多人，成功调解矛盾纠纷30多起。都说“清官难断家务事”，迎园社区的“老娘舅”们却热心于听百姓“家长里短”，为百姓断家务事。如今，社区“老娘舅工作室”已渐渐成为居民们纠纷诉求、缓释情绪的阳光驿站。

社区日常管理事务繁杂，为了建立物业公司与业委会之间利益冲突与矛盾的有效协调机制，我们成立了“自治开心坊”之“小区管委会”，由居委会主任牵头，物业公司小区经理、业委会负责人、社区民警、联勤联络员等组成，坚持每月一次集中检查，每季一次工作例会，在实地检查的基础上，针对环境卫生、垃圾分类、绿化养护、治安防范等日常物业管理中存在的问题以及居民群众集中反映的问题，共同协商解决办法，落实整改措施，做到分工明确、责任到人。经过多年的实践，“小区管委会”已成为我们开展社区自治活动的重要载体。

（四）应民需、惠民生，搭建方便群众生活的服务平台

为了顺应民需，惠顾民生，迎园社区建立了“自治开心坊”之“爱心互助社”平台，积极开展贴近实际、贴近百姓、贴近生活的“三贴近”服务活动，积极营造互帮互助的浓郁氛围。

“爱心互助社”以红十字服务站、残疾人之家、社区信息苑、图书

阅览室、法制宣传站、多功能活动室等服务阵地，以“侨之家”医疗服务队、社区“夕阳红”为老服务队、志愿者便民服务队、法律咨询服务队、新迎园人计生协会、巧阿姨手工坊等为服务主体，广泛发动社区志愿者坚持每周一至周五免费为老年人测量血压、每月一次为老一条龙服务、每月一次健康讲座、每季一次大型广场为民服务、每季一次科学育儿指导等，除此之外，还邀请共建单位区司法局专业人员为居民开展每月一次法律咨询服务，邀请区卫生局的退休专家医生为居民提供每半年一次的大型专家义诊服务等，深受居民群众欢迎。

“爱心互助社”还坚持在每年元宵节、端午节组织志愿者将自己亲手包的汤圆、粽子，送到小区高龄老人、离休干部、侨胞台胞家中；组织老伙伴等志愿者为高龄老人、困难家庭开展“夏日送清凉”“冬日送温暖”活动，把党和政府的关怀送到群众的心坎里。

（五）汇民才，展民艺，搭建吸引群众参与的娱乐平台

为吸引更多的居民参与社区活动，搭建群众文化、体育、娱乐活动的平台，社区成立了“自治开心坊”之“健身加油站”“市民读书点”“邻里都市会”等活动载体，组建了阳光、求知、康乐、迎康四个读书小组，以及“风信子”腰鼓队、“康乃馨”秧歌队、“紫罗兰”合唱队、“满天星”戏曲苑、“水仙子”舞蹈队、“君子兰”象棋队等10支文体队伍，这些团队都是根据居民的不同兴趣爱好自发组成的，居委会则在每支团队物色一名指导员和党员联络员，指导各团队经常性地开展健康有益的活动。

（六）顺民俗，促民和，搭建营造楼组和谐的睦邻平台

创建和美家庭、和睦邻里、和谐社区是社区精神文明建设的落脚点。城市中的邻里往往出现对门邻居不相识、上下邻里不相认形同陌路的状态，为了让邻里熟悉起来、热络起来，我们积极创建“自治开心坊”之“睦邻同乐楼”。借助楼组党建的平台，以楼组为单位，发动党员、楼组长采用进门聊天法、迎面招呼法、楼道等候法、电话预约法等开展挨家挨户的走访活动，通过发放联系卡、了解基本信息、听取居民意见建议、对门结对互助等方式，拉近彼此之间的距离。渐渐地，楼组居民之间热络起来了，大家见面都会打招呼，家有喜事都会给邻居发喜糖，遇到下雨时互相提醒收衣服，甚至出门旅游前将钥匙交给邻居保管；每逢节庆日，邻居朋友聚在一起包汤圆、裹粽子、包饺子，其乐无穷；楼组

阿姨们围在一起编织爱心帽、爱心围巾，送给小区高龄独居老人；有的楼组还开展睦邻茶话会、客厅卡拉 OK、楼组自驾游等活动。

两年前，迎园七坊 1 号 301 室住进了一对山东籍老人王老伯夫妇，开始因语言障碍、气候不适、异地医疗、物价偏高等原因，一度产生要回老家的念头，可是没想到在他们入住后不久，楼组居民就到他家里拜访，嘘寒问暖，让他们有困难尽管说。有一次，老伴下楼不慎扭伤了脚，邻居们纷纷前来探望，逢年过节还会有邻居送来亲手做的元宵、粽子、糕点等，让他们感受到来自楼组大家庭的温暖。就这样，王老伯夫妇逐渐适应了这里的环境、气候，也走出家门参加楼组大扫除、楼组读书会等活动，去年还被评为五好文明家庭，这让王老伯喜出望外，高兴之余给居委会写来了一封《感谢信》，信中作诗一首：人生谁无夕阳红，代代传承敬老情，中华美德五千年，光辉永照山河明。王老伯说他对“睦邻同乐楼”产生了浓厚的感情，舍不得离开大家，说他们再也不想回山东老家了。

“睦邻同乐楼”的建设打破了原来邻里之间互不相识、互不关心的格局，引导楼组居民人人管好自家事、关心楼组事、参与社区事，倡导勤学习、守秩序、讲卫生、护环境、重信用、有礼貌、改陋习、树新风，逐渐形成了邻里互动、互助、互学、互让、互爱的良好氛围，使楼组变得更加温馨和睦。

二、案例精选

案例 1：“开心花园”居民自助绿化角

迎园七坊小区居住着一些喜爱种草养花的居民，平日里，他们喜欢在楼房墙角边、绿化草地里寻找空间，零零星星种上几株花草，也算略微施展一下他们的兴趣与爱好。2010 年末，小区在进行道路综合改造时，业委会听取业主们的意见，保留曲尺楼型每幢楼前一块绿化地块，并对它进行修整和改造。2011 年 3 月，迎园七坊“街坊议事园”召开议事会，就绿化角的管理展开讨论，最后决定组建一支“居民自助绿化先锋队”，由小区内乐于奉献、爱好绿化、对种植花卉有兴趣的居民自愿参与，每位志愿者在这 20 个绿化角中认领其中一块，开展自行设计、自行耕耘、自行管理的养绿护绿活动。

在春暖花开的日子里，当你走进迎园七坊，首先映入眼帘的是充满生气的龙形梯式花圃，再往里走，随处可见一个个美丽的花圃，花圃里种着各种各样的花卉，她们竞相绽放，争奇斗艳，成群彩蝶翩翩起舞，真是赏心悦目，令人陶醉。每天都有经过的路人驻足观赏、摄影，甚至还有人会忍不住采摘一朵，带回家观赏。

每天早晚，花圃里都会出现居民们辛勤耕耘的身影，引领者便是居住在迎园七坊的居民侯军、顾丽霞夫妇，他们经常除草、松土、施肥、整枝、拾去砖块石子，冒着酷暑把运来的卵石作为花圃造型，他们还会经常跑花市选种、网上购花，引进优良品种。小区居民看到之后，无不深受感动，赞美之声，不绝于耳。

在他们的带领下，唐家花圃、王家花圃、徐家花圃、张家花圃等像雨后春笋般涌现出来，花卉品种也越来越多，有日本重瓣百日草、冰岛虞美人、观赏向日葵、金雀花、海棠花、银叶菊、日本翠菊等数百种名花。

队员之间平时经常相互交流、切磋养植经验和技术，相互推荐，赠换自己培育的花种。通过团队自助式的活动，既改进了小区绿化的环境，美化了家园，又增进了人与人之间的友情，融洽了关系。

日复一日，年复一年，在他们的精心打点下，迎园七坊小区的绿化花圃越来越美，越来越有型，繁花丛中，蜂飞上下、蝶舞其间，一个个不同风格的绿化角已成为迎园七坊一道道靓丽的风景线。

案例 2：整洁楼评比机制

迎园社区大部分建筑为老式的一梯三户、一梯四户型，居民们习惯将鞋柜、平时不用的桌椅、废旧物品等堆放在楼道内，既影响楼道整洁，又影响居民进出。虽然居委、物业经常组织楼道整治，可是这种现象依然普遍存在，成为社区精神文明创建中的一大难点。

如何动员居民共同参与文明创建，逐渐养成文明的生活习惯，保持楼道整洁卫生，成为小区管理中的新问题。居委会召开小区管委会、街坊议事会，在听取各方意见建议的基础上，于 2013 年 1 月起实施“整洁楼”评比机制。

一是成立街坊检查小组。由小区管委会牵头，分片社工、业委会负责人、小区经理、楼组长等组成 6 个街坊检查小组。

二是开展定期检查评比。每季度组织对各小区开展楼道检查，制订检查评分标准，根据检查评比结果，每个小区分别设置若干个“整洁楼”和“整改楼”。

三是在各小区显要位置设置“整洁楼评比脉动公示牌”，将评选出的“整洁楼”和“整改楼”分别用红色标志和黑色标志显示，向小区居民公示，每年年底对获优胜楼组进行适当奖励。

四是采用“脉动”形式公示，根据每次评比的情况以及居民举报的情况随时调整内容，即时公示，接受群众监督。

“整洁楼”评比机制实施以来，提高了楼组长的责任意识和楼组居民的荣誉感，居民之间互相督促，争创一流。渐渐的，堆物少了，邻里纠纷少了，楼道变整洁了，小区居民的文明素质也随之得到提升。

社区事务大家管　睦邻和风满桃园

嘉定镇街道桃园居委会

一、桃园社区概况

桃园社区从20世纪60年代起建设，在1980年代中期建成，占地面积23.5万平方米，原来划分为3个居委会辖区。2002年实行社区体制改革之后，合并原有的3个居委会，成立了新的桃园居委会。社区现有居民4 680户，实有人口12 000余人，2家社区服务机构，周边还有药房、超市、菜场、小学、幼儿园等156家社区单位，是一个大型成熟型的居住社区。2006年成为上海市居民自治创新实验基地，2010年入选全市21个“迎世博居委会自治家园观摩点”之一。

原桃园新村在建成之初，是嘉定镇条件较好的居民区，曾因良好的小区规划和多样的建筑形态获得联合国人居工程奖。因此，早期入住居民的整体层次较高。但随着上海郊区城市化进程加快，社区人口结构也出现了明显的转型特征，一些年轻居民为改善居住条件搬离了社区，户籍居民的老龄化程度不断上升，租住进来的流动人口不断增多，使得居民区的居民呈现两个“三多”的格局：一方面是党员居民多、离休干部多、各类人才多。居民中现有500多名党员，40多位在职或退休处级干部，以及一批从事教师、医生等职业的知识分子；另一方面是老年人多、外来流动人口多、帮困对象人员多。户籍人口中，老年人口接近30%，困难家庭比例较大。实际居住居民中，外来人口所占比例较大，人户分离现象严重，居民流动频率较高。

社会转型给桃园社区带来繁杂的公共事务压力。由于社区住房逐渐老化，居民反映的漏水、隔音等物业纠纷问题特别多；随着户籍居民老龄化程度逐年升高，老年居民的生活帮扶、精神慰藉等公共服务需求不断增大。此外，困难家庭增多带来的帮困救助问题，流动人口增多带来的社区管理难度，因离婚、养狗、出租等引起的各类纠纷，都给社区服务和管理带来新的压力。

二、自治进程和现状诊断

“居民的事居民自己办，社区的事大家共同办”，是社区体制创新后，桃园居委会自2002年即确立下来并且一直坚持的自治理念。居委会在街道支持下确立了依法自治原则，根据《宪法》《居委会组织法》设计居民自治框架，围绕居民需求和公共事务，动员广大居民广泛参与社区自治管理，由此经历了一个动员居民、组织居民的过程，逐步将城市居委会组织法设计的自治框架变为现实。

（一）自治进程

一是建立新型社区体制框架。2002 年，街道根据中办发［2000］23 号文件精神，合并了原有的三个居委会辖区，与周边单位一起组成桃园社区，对应建立新的桃园社区党总支、桃园居委会，同时成立承接政府下派行政性事务的社工站，确立了新的社区体制架构。2012 年 6 月调查时，社区党总支有 7 位成员，其中 3 位是街道在编或聘用人员，4 位是不领津贴的党员居民。居委会有 7 位成员，其中 3 位是街道在编或聘用人员，其他 4 位是不领津贴的社区居民。社工站共有 9 名社工，其中专职社工 4 名，另外 5 名由社区党总支与居委会成员兼任（包括社区党总支书记与居委会主任），并由居委会副主任兼任站长。在这种架构中，社区党总支、居委会通过兼职居民的加入，体现了社会化特征，社工站的设立则体现了“政社分开”原则，党总支、居委会、社工站通过人员交叉任职，形成了“三位一体”特征。同时，通过居委会副主任兼任社工站站长，确立了社工站接受居委会领导的辅助性质。

二是确立新的社区自治理念。在新型社区体制框架下，政府下派的行政事务与居民自治事务实现了分离，居委会作为居民自治和社区建设组织主体的职能被凸显出来。面对社区结构趋向复杂、管理服务压力增大、工作覆盖向周边单位延伸的新形势，居委会认为，社区自治事务由居委会和社工包下来是做不好的，必须把居民发动起来，才能打开工作局面。这样，“居民的事居民自己办，社区的事大家共同办”，就成为桃园居委会的自治理念。老的居委会干部一直讲，所谓“居民的事”，就是源自居民生活需求的社区公共事务，因为只有居民才最懂得自己的需要，所以，由居民自己办才最为合适；所谓“社区的事”，就是居民区与周边社区单位的共同事务，如环境整治、市场秩序等，这些事务需要通过各方协调才能有效解决。

三是围绕实事动员居民参与。据时任居委会主任朱光学说，2002 年当时全社区只有一个半志愿者。可见，真正要把居民发动、组织起来做社区的事，还是要花一番功夫的。为此，居委会先是抓好楼组长队伍建设，把原来三个居委会的楼组长待遇统一起来，同时选好、配好 203 个楼组长人选。接下来，居委会干部从动员退休老教师、老干部做科普志愿者开始着手，逐步扩大志愿者队伍。之后，逐步形成滚雪球一样的志愿者动员方式，楼组长、各类骨干都会主动寻找可能的志愿者。例如，社区每年都会有一批新退休的居民，楼组长及时上门询问是否愿意当志愿者，也有的居民会主动打电话到居委会，这样每年都会有一批新的志愿者加入。现在，小区已有 31 支志愿者团队，承担了关爱老人、文化学习、调解纠纷、垃圾分类、执约监督等各类社区事务。桃园居委会的一个感受是，要激发居民志愿参与的热情，居委会自身必须有威信，而居委会只有真正为居民办实事，才能在居民中树立威信。居委会在组建之初，就筹集资金、组织居民搬迁了长期影响居民生活的北大街 280 弄农民新村垃圾站。此后，每年根据居民需求组织实施 10 件实事，并且一直坚持下来。这些年，累计下来，搬迁垃圾站、协调物业公司更换雨水管、引进邮局和华中药房以方便老人领社保和配药、改造占道的菜市场等 n 件实事，在居民中产生了较好的影响。

四是健全社区自治参与平台。楼组是居委会工作依托的传统平台，居委会在选好、配好楼组长的同时，充分发挥其熟悉楼组居民、群众基础好的优势，使楼组长成为调解邻里纠纷、摸底租户信息、通报各类情况等社区事务的工作基础，并且固定在每月的 11 号召开楼组长会议，沟通情况，协调工作。另一方面，为了明确哪些是“可由居民自己做的事”，居委会自 2002 年开始，以《宪法》的规定及要求，依法恢复了治安保卫、纠纷调解、公共卫生三个专业委员会；同时，逐步梳理出精神文明、为老服务、管理监督三类事务，并对应社区事务又设置了居委会的其他三个专业委员会。专业委员会主任全部由居民或居委会中的兼职委员或志愿者骨干担任，成员由熟悉相关事务的 7～9 位热心志愿者构成，下属若干志愿者团队。各专业委员会都有明确的事务领域、工作任务和考核标准，同时配备一定的工作经费，要求记录工作台账。2012 年，根据需要新成立了物业管理专业委员会，主任由一位嘉定区司法局的退休干部担任。专业委员会的设置和运作，使“居民的事，居民自己办”真正落到了实处，也使居委会专职干部从具体事务中解脱出来，能够专注于社区的大事。

五是重新配置社区权力与职能。随着楼组长、专业委员会、志愿者队伍的组建并发挥作用，桃园社区居民自治的组织基础逐渐充实起来，理顺组织间的职能和权力关系成为必要。桃园社区抓住 2006 年成为上海市居民自治创新实验基地的契机，加紧推动这项工作。回溯这项工作的推进过程，其内容可概括为三个关键词：赋权、还权、分权。所谓“赋权”，即居民区党总支从强化自身政治核心地位出发，把社区工作的事权与财权赋予居委会，从而改进政治领导方式。党总支把社区具体事务交给居委会，着力做好掌控大局的四件事：一是协调各方工作，维护社区稳定；二是对居委会、业委会、物业公司的日常工作进行内部评判；三是慰问困难群众，体现党对群众的关怀；四是领导居委会选举动员，主导社区居民会议。自 2006 年起，每年召开一次党员代表大会，通过听取党员、群众、老干部的意见，考量居民需求，规划、评判社区工作。所谓“还权”，即居委会把社区事务的最终决定权还给居民会议，大事真正让居民说了算。居民会议每年召开两次，凡居委会工作计划和资金筹集使用、专业委员会设置与工作评议、年度实事项目的推出与实施、先进志愿者表彰等涉及全体居民重要利益的事务，都由居民会议通过或落实。为使居民会议工作常态化，特别设置了“居民会议常务工作委员会”，由社区党总支书记兼任居民会议常务工作委员会主任。所谓“分权”，即居委会进一步把社区公共事务管理权及相应的资源使用权向专业委员会分配，保证专业委员会有职有权，从而做实专业委员会功能。一是选拔优秀志愿者担任专业委员会主任，通过“给身份”稳定其积极性和责任感；二是把街道拨给的工作经费进一步向专业委员会及志愿者团队配置，由其自主使用，例如，2012 年精神文明专业委员会经费 5 000 元，食品安全督查志愿者团队经费 3 000 元；三是尊重专业委员会对自身事务领域的自主权。一方面，相信他们作为本小区居民，知道怎么做才对居民最有利；另一方面，居委会配合做行政事务工作时，也首先听取志愿者的意见。通过社区权力与职能的重新配置，居委会成为社区自治管理的组织者、统筹者，主要承担培育居民组织，协调各类团队工作，统筹资源配置和预算平衡，讨论社区中的普遍性事务、重大事务，以及经过楼组、专业委员会、社工逐级处理之后交上来的难点事务等工作。

六是培育草根性睦邻组织。2007 年初，嘉定镇街道推出“睦邻点”建设项目，通过政策引导，鼓励居民基于共同的生活需求、志趣爱好、交往关系、活动便利等自发组建活动团队，以激活居民自助、互助的自组织意识，弘扬传统睦邻文化。到 2009 年中，桃园社区居民自发形成并经街道认证的睦邻点达到 10 个。“睦邻点”源于居民邻里结群交往的内在需要，按照“四自一引”（场所自己提供、活动自由设计、人员自由组织、负责人自主推荐、党组织给予引领）的模式运作，保持着草根性、群众性、自治性特征。居委会把睦邻点看作居民发挥主体性的草根方式，在尊重其自主性的同时，积极给予扶持、指导，并组织睦邻点带头人成立了“睦邻沙龙”，每周四定期集会，交流团队活动心得，沟通社区信息，并就社区公共事务协商意见、出谋划策。借助“睦邻点”和“睦邻沙龙”，居委会建构了与居民的日常沟通机制，使社区自治真正形成了自下而上的运作方式，桃园社区也因此在 2010 年中成为首批 21 家“上海市居委会自治家园示范点”之一。到 2013 年中，桃园社区居民自发建立的睦邻点已发展到 23 个。“睦邻点”的活动衔接了居民私人空间和社区公共空间，培育了居民精英，带动了志愿行动。从“睦邻点”“睦邻沙龙”到“居委会自治家园”，拓展了社区公共空间的层次，生动展示了中国社区自治机制得以生成的社会基础和蓬勃活力。

七是动员社区单位资源共建。在新的社区体制下，居民区周边单位也是社区成员，要让他们与居民形成同一个生活、自治共同体。近几年，桃园社区开始探索由党组织牵头、居委会协调、动员社区单位资源参与社区建设，建立社区单位与居民共建和谐社区的良性互动机制。例如，居委会有关专业委员会的居民志愿者团队督查店铺的食品安全、菜场经营、垃圾分类，社区单位也参与到社区事务、居民服务和居委会工作评议之中。治理周边店铺门面脏、乱占道、工地扰民，通过居委会协调，这些单位都能自己出钱、自我约束。2010 年上海世博会期间，各单位应居委会要求，做到了每天 7: 30—9: 00、16: 00—17: 30 都派两名工作人员在门口照看。同时，社区还培育了“清沁鑫家政服务公司”“惠民社区服务中心”两家专业社区服务组织。现在，居民有需求就直接去找他们，不用再找居委会帮忙。

（二）自治格局

桃园社区的自治过程，呈现了居委会在居民区党总支领导下，居委会组织、动员居民不断拓展社区自治内涵，不断提升自我管理、自我服务、自我教育能力的生动过程。通过这个过程，社区出现了多维的权力配置、多元的组织要素、多层的公共领域，因此，初步形成了一个覆盖广、有活力、参与深的居民自治架构和居委会工作格局。其特点可以概括如下：

一是分工分权的社区体制框架。桃园社区的体制框架建立在对社区事务明确分类的基础上，根据社区事务类型设置组织机构，并赋予相应的权力配置，即，把社区事务划分为党务类、自治类、政务类三大类型，由党总支、居委会、社工站分别承担。社区的政治领导权归属党总支，自治权归属居委会，社工站承接政府下派事务，拥有行政权并承担政府指导居民自治（辅助居委会工作）的职责。由此，在理顺党、“政”、社三方权力职能关系的前提下，通过人员交叉任职，使党总支、居委会、社工站既能各司其职，又能实现功能整合。

二是双向互动的参与动员路径。新的社区体制凸显了居委会作为居民自治和社区建设组织主体的职责。为了缓解自身压力，同时也为了增强服务居民的能力，居委会萌发了形成广泛动员居民参与的意识。居委会对居民的动员先是沿自上而下的路径，通过居委会成员、专业委员会主任、楼组长在居民中分散地寻找可能的志愿者。在睦邻点建设之后，居民自下而上的组织参与路径开始出现，这时，居委会采用了吸纳、整合的动员策略，积极扶持睦邻点发育，注意吸纳其中的社群领袖和骨干参与自治事务，并牵头组建睦邻沙龙，使之成为居委会联系居民的桥梁和纽带。由此，桃园居委会形成了上下对接、双向互动的自治参与动员路径。

三是三足鼎立的自治工作平台。由于居委会认识到社区建设必须打破由政府包办的弊端，用市场的方式，以居民的事只有让居民自己办才能对居民最有利的原则，因而着力搭建居民自治参与的工作平台，放手让居民自己办自己的事情。桃园社区先后形成了楼组、专业委员会、睦邻沙龙三大自治工作平台。其中，楼组是按居住楼道划分的带有准行政色彩的传统工作平台，楼组长则处在处理邻里纠纷、服务社区居民的第一线。专业委员会是处理社区公共事务的主力，在治安、卫生、助老等对应的社区事务领域发挥实质性的管理服务功能。睦邻点和睦邻沙龙是居民自发形成的新型自助互助组织，满足居民自娱自乐、邻里交往、精神慰藉等生活性需求，同时也汇集居民日常生活的社情民意。楼组长解决不了的问题、睦邻点提出的问题，可交给专业委员会或职业社工，最后剩下的大事、难事才由居委会处理。三大工作平台有效分解了社区自治事务，成为居委会工作的重要支撑。

四是四维开放的居委权力形态。基于更加广泛的居民动员和三大工作平台的建构，居委会对社区自治权做了进一步分解，把社区事务决策权还给居民会议或者居民代表会议，把社区事务的处置权分给各专业委员会和志愿者团队，把居民生活的自主性体现到睦邻点和睦邻沙龙。更重要的是，经费资源向下配置到专业委员会和志愿者团队，体现了居委会自治权力分解的实质性。在这种开放性的权力形态下，居委会在政治上服从党总支的绝对领导，在决策上听命于居民会议，在职能上充当社区自治事务的组织者和落实者，在工作上依靠各专业委员会及其所属志愿者团队，而其自身则成了在社区事务中发挥连接各方、统筹协调的枢纽型自治组织，拓展出了一种新的自治格局。

通过实践，我们深深感到，居委会权力和资源的开放性配置，使得这些权力和资源真正转化成了动员、组织居民自治参与的动力和凝聚要素，同时促动了各个功能性委员会的实质性运作，这些措施符合当前中央提出的基层民主自治政治改革的要求。这些委员会的实质性运作，又吸纳、激活了各类居民活动团队，并与各类社区单位形成了双向的服务和资源交换关系。由此，社区自治的公共平台不仅进一步趋向完备，而且初步呈现了相对健全的四类主体结构：社区党总支是社区建设的政治领导核心，居委会是社区建设的核心力量，业委会、物业公司、社区单位、志愿者队伍和居民团队是社区建设的骨干力量，居民群众是社区建设的主体力量。这四类主体的发育成熟，正是社区自治内涵深化的坚实基础。

创建"开心缘"自治楼组 推进居民区民主自治

中山街道茸梅居委会

同住一个楼道多年，居民相见却不相识，这种邻里间的"坚冰"，在素有"钢筋水泥林"之称的现代城市已繁衍成一种通病。且楼道内"六乱"现象严重，居民家庭文化氛围不浓厚。如何融解"坚冰"，搭建邻里间联系的桥梁，改善环境，丰富家庭文化氛围？中山街道茸梅居委会分析原因，找准关键环节，拿出解决问题的办法措施，积极探索自治楼组创建，把不同职业、不同年龄、不同文化、不同社会身份的居民凝聚起来，进一步改善邻里关系，促进社区和谐。通过自治楼组创建，居民区自治工作也得到了进一步延伸。

一、加强组织领导，有序推进自治楼组创建工作

为了有序推进茸梅居民区自治楼组创建，居民区成立了以支部书记为组长，居委会主任、业委会主任、物业经理为副组长的领导小组，形成了"1+2+X"的创建模式（即1个楼组创建领导小组、2名志愿者骨干和本楼组居民共同参与）。拟订了楼组创建工作组织和发动居民广泛参与的"三个一"工作法（即一份创建告知书，一份创建邀请函，一份创建小礼品的上门法）。活动中，居民们自觉做到"六个一"：防盗门关一关，楼组环境管一管，左邻右舍访一访，邻里矛盾劝一劝，居民有难帮一帮，楼组事宜议一议。同时，居委会还召开自治楼组创建工作动员、推进会议，明确创建自治楼组的意义、目标、组织框架等，凝聚合力，达成共识。

二、挖掘社区资源，以文化活动团队凝聚人心

2014 年，茸梅居民区成立了“开心缘”俱乐部，俱乐部下设许多社区文化活动团队，其中，剪纸班、丝网花班吸引了不同楼组居民参与。居民区要创建自治楼组，居委会就萌发了将剪纸班、丝网花班延伸到居民楼组的想法。为了提高活动对居民的吸引力和感召力，居委会积极加强宣传，主动将创自治楼组的目的、意义、自治楼组的名称告知社区志愿者，让志愿者带动更多的居民参与。

在自治楼组创建“三个一”上门工作法推进过程中，楼组长换家换户上门，面对面与居民交流，激发了大家的兴趣，增加了居民的了解，也让居民感受到了诚意。楼道的居民由陌生变熟悉，由疏远变亲近，居民之间的关系进一步融洽。居委会很贴心、很及时地在楼道做了玻璃橱窗，将居民制作好的作品进行展示和宣传。居委会还制作了一块取名为“心心纸缘”的特色楼道简介版面，贴在 27 号楼道口，一幅幅栩栩如生的作品将 27 号楼道打扮得漂漂亮亮，进出楼道的居民都一致夸赞。

三、巧妙解决楼道问题，激发居民自治热情

茸梅居民区 58 号楼组取名为“心心花缘”楼道，楼道里爱好丝网花的楼组长吴惠芳和居民骨干张修华将居民自己制作的美丽丝网花布置在底楼玻璃橱窗里，还在底楼的墙上张贴了宣传标语和精心装饰的小花朵，让居民一进楼道就感受到温馨的氛围。同时，楼组长发现，楼道底楼公用部位乱停车现象和美丽的楼道布置不相匹配，于是，决定通过居民自治的方式来改善乱停车现象。首先，楼组长联合楼道里的部分党员志愿者在楼道出入口进行等候，并用聊天的方式对停车的居民说：“我们是特色楼道，为了环境的整洁和美观，麻烦请你把车停在外面好吗?”对配合的居民，张修华总是不忘道一声谢谢。其次，楼道里的党员们还对乱停车的居民进行友情提示，对个别晚回来将车停在大厅的居民，就张贴一张友情提示小纸条，告知他们此处不能停车。通过近两周的时间，居民的车都有序地停放在楼道外划线的停车处。另外，考虑到下雨

天车子停在外面容易淋湿，楼道的党员志愿者就热心地自制了防雨套，居民张修华自己出钱为居民们买了塑料纸，并手工缝成了套子，为居民的车子挡风遮雨，热心贴心的举动感动了很多居民。居民们自己装扮楼组环境，张贴文明宣传标语，共同治理乱停车、乱堆物等不文明现象，还演绎了楼组居民之间相互关爱的一幕幕动人故事。楼组长吴惠芳为失业居民找到了理想的工作；残疾人张益妹一家四世同堂、相互扶持的浓浓亲情在楼组传为美谈；楼组居民主动关心一位得癌症的邻居；志愿者联系旅行社，组织楼组居民江浙一日游。

四、丰富家庭文化氛围，楼组建设稳步可持续发展

因为广受居民赞扬，居委会就利用“睦邻点”集中活动之际，对27号和58号楼道的特色和居民张修华的事迹进行了宣传，并组织居民区内其他楼组长和居民参观这两个自治楼组，发挥党员、居民骨干志愿者的带头作用。通过自治楼组的创建，越来越多的居民走出家庭、走进楼组，参与到社区建设中来，社区活力进一步增加，2015年，在大江苑59号、60号、61号、62号等6个楼组同时开展“开心缘”自治楼组创建。2015年3月，“开心缘”自治楼组项目荣获了上海市委宣传部颁发的群众喜爱的“培育和践行社会主义核心价值观”项目。

居委会还设立了茸梅佳缘睦邻课堂、楼组创建“大家谈”“楼组风采展示”“道德评议”等载体，让更多的居民畅所欲言，宣传社区好人好事，抨击社区不文明现象；定期开展“弘扬好家风好家训、明德惟馨共话和谐”主题表彰活动，开展最美楼组、最美家庭、最美党员、最美志愿者、最美保安、最美少年等评选，在社区不断挖掘感人事迹，烘托家庭文化氛围，大力弘扬美德文化，进一步凝聚社区向上向善的正能量。“开心缘”自治楼组创建活动还在居民区如火如荼地开展。

茸梅居民区将不断总结创建经验，进一步完善创建自治楼组的组织领导机构、创建模式、推进计划和评估体系，充分发挥党支部的战斗堡垒作用，依托党员、志愿者领袖，更好地带动居民区自治，从而形成创建团组，实行划片包干，让更多的居民走出家庭、走进楼组，在社区形成“学先进楼组、创先进楼组”的良好氛围。

践行社区自治建设　同创人文和谐家园

赵巷镇赵巷社区居委会

赵巷居委会坐落于赵巷镇赵华路498号，管辖范围1.69平方公里，辖区内共分设16个居民小区，其中，冠以“文明小区”荣誉称号的有5个。共有户籍数514户，户籍人口1 066人，常住户1 786户，4 735人。

一、渲染自治家园氛围，兴起居民自主热潮

社区建设，特别是自治家园建设是一项综合性的系统工程，建立相应的组织机构和居委工作队伍，进行统筹协调，是抓好社区自治管理建设的根本保障。从居民群众的文化兴趣、公益服务、组织管理入手，以建设“自治家园”为目标，以满足广大居民朋友的精神文明与和美安乐为初衷，充分发挥人文活动和公益队伍的作用，以赵巷居委老年团队、社区青年团队、社区文艺爱好者等为基础，自编自演各类文艺节目，以不同的社区自治管理形式和多样性的群众大型社区互动节目有机结合、互相促进，并通过社区居民参与其中，以寓教于乐、深入浅出的方式呈现出来。以“群防群治、守望共筑”美好家园理念，相继成立了多元化的社区公益志愿队伍服务体系，表达出辖区群众对党和国家的热爱、对社区自治的向往，兴起了居民对社区的认同感和归属感。赵巷居委会在强化基层民主自治过程中，不断推进和完善居委会“全天候接待、全方位受理、全过程负责”的三全模式，不断提升居民自治为本、群众主体的工作格局。竭力把居民参与其中作为基点，将民主自治、管理监督、服务教育与居委的联席制、联络制相结合，妥善地将接待制、走访制、公开制、议事制度互补融合，激发居民参与社区活动的热情，全面提升社区居民民主自治的能力。

二、共享共用社区资源，形成社区民主自治合力

社区自治家园的创建活动，是同创共建美好社区的一个新的突破。我们把社区共建作为自治家园建设的重要途径，利用现有资源，挖掘周边资源，结合各方资源，发挥“生活在社区、自治在社区”的功能，提高整合度、利用度及互补性，努力使一切资源都得到优化配置。按照“不求所有，但求所用”的原则，整个社区内有文广中心、医疗卫生服务中心、社区事务受理中心等几家社会公共事务服务机构。目前，赵巷社区有计划生育服务站、外来人口服务站、党员之家，开设有戏剧大舞台、阅览室、棋牌室、老年活动室，是一个集学习、医疗、娱乐、服务于一体的多功能全方位社区服务中心。小区内设置了健身场、休闲长廊、开放式公共广场和棋友俱乐部，还有一条20米科普文化赏析长廊。这些设施为居民活动创建了更好的条件，为开展自治活动、加强市民宣传教育、提高居民素质奠定了基石，让社区活动真正成为提升城市品位的新亮点，使群众体育成为城市体育的核心，也得到了社区的热捧与推崇。

三、民心所向，达成自治工作共赏共识

群众的需要是多方面的。为了了解群众的需要，我们开展了“畅通民意渠道、回应群众诉求”的组团式服务，我们深入社区、走访每户人家，掌握第一手讯息，为推进社区民主建设做好充分准备，有力地达成民众自治工作共赏共识。一是用社区文化引导群众。以科学的思想武装人，以文明先进的言论引导人，以高尚的精神塑造人，是我们开展社区文体、文艺工作的指南。我们充分认识到：坚持开展经常性的文体活动，既活跃了居民的业余文化，陶冶了人们的情操，又能提高社区居民的自治自主能力。二是用优美环境感化群众。我们居委经常组织16个小区的楼组长在集镇大街小巷、各小区内开展全面彻底的社区卫生问题排查、整治活动。在具体实施过程中做好记录，并监督和制止小区内的不文明

现象发生，引导居民自治管理我们的家园，使之变为恬静清新、环境优美的宜居小区。三是用公益志愿守望自治家园。随着居委管理面积的逐步扩大，为了共同营造赵巷居委管辖小区能有一个安全稳定、文明和谐的生活环境，我们常抓不懈，强化志愿服务。

四、独领品牌工作，提升社区知名度

赵巷居委会始终把社区建设工作和开展群众文化活动有机结合起来，依托赵巷崧泽千年古文化的背景、浓郁的文化底蕴和丰富的人文资源，我们精心编排了丰富多彩、功能多样的精彩活动，从宽泛的角度来说，大体上可分为健康型：高血压自我管理小组的每月听诊上课、一年一度的晨跑与益智趣味文体活动。群众型：大型盛夏纳凉文艺晚会、“迎新年 送温暖 闹元宵”系列活动；庆“六一”金色童年系列活动。文艺型：青年文艺团队、老年文艺团队，成功组建的两支队伍，曾多次在重大庆典中亮相，在青浦区可谓是小有美誉。这些社区百姓自主自发参与文化活动也是百姓喜闻乐见、乐此不疲的项目，更使我们的自治家园多了一份人文情怀与青春活力，真正形成了具有赵巷居委特色的文化社区。通过“居民自治家园”建设，居委会巩固强化志愿服务队伍建设，实践证明，居民的志愿服务蔚然成风，已然成为一道靓丽的风景线。迄今为止，赵巷社区居委会以构建平安、和谐、文明社区为主要工作思路，以“为居民服务，引居民参与，由居民自治”的工作原则为抓手，创建成立了“五个公益服务型志愿者队伍”，分别是“夜区夜间治安防范志愿者巡查队伍”“独居老人寂寞谈心志愿者队伍”“民间矛盾纠纷调处小组”“健康咨询志愿者队伍”“党员帮困助老服务队”。

五、优化民主管理体系，自治受益匪浅

“居委自治家园”的建设，让百姓欢欣鼓舞，让社区彰显了魅力。一是参与社区建设的氛围愈来愈浓。居民的社区意识和参与创建意识不断增强，居民的综合素质不断提高，形成了“干部生活在群众中，群众参与到决策中，同创居委工作的新篇章”。二是巩固夯实了公益志愿服

务理念。在原有的基础上不断提高完善，相继提出新举措，另外还要适时地配足配强志愿者巡查人员，确保治安巡查全覆盖；深化提高了寂寞谈心志愿者活动，不仅要针对独居老人，而且要对心理上有障碍需要疏导帮助的人群做心理疏导。三是党组织的凝聚力增强了。社区党员在居委的各项管理服务中扮演了至关重要的角色，他们热心参与到居委的自治家园中，里面不乏志愿者与先进党员模范，他们的一举一动、一言一行促进了我们家园的建设，给居民民主自治注入了新的生命力，也坚定了他们对自治家园建设的信心。

民意汇集“香樟园”
议事协商“大舞台”

新海镇跃进居委会

跃进居委会位于崇明岛的西端，面积21平方公里，由4个封闭式小区、6个散户点组成，辖区内有居民879户，1 800多人，是一个城市化的农场社区，居民老龄化程度高，人户分离现象多，流动人口比较多，对居委会的依赖性强。社区里的每一件事，大到整体改造，小到楼道卫生，几乎都找居委会，居委要管的事情越来越多，而且事无巨细。针对区域面积大，部分居民分散居住，社区房屋设施陈旧等实际问题，如何让居民共同参与加以解决，是我们长期思考的一个问题。如，我们社区水管改造工程发布后，社区内3名德高望重的老同志在香樟园谈论水管改建工程之事，吸引了很多居民参与讨论，党支部发现他们对改建时间、改建方式等提出了比较好的意见和建议，这些好的建议经党支部研究后基本采纳，为以后改建项目得以顺利进行起到了积极的作用。这一事例给了我们一个很好的启示：只要相信居民，依靠居民，发挥他们的积极性，居民区的事务才能顺利开展。为此，居民区党支部决定组建一个以“社区事、你来谈、我来议、大家办”为主题的居民议事平台，并取名“香樟园议事坛”。与此同时，一方面不断完善“香樟园议事坛”建设，另一方面发挥此平台的作用，推进社区民主自治。

一、广泛宣传发动，建立一支
高素质的议事员队伍

一是整合民间力量，建立议事员队伍。为充分利用本社区现有的人才资源，提高居民自觉参与社区事务管理的积极性和主动性，居民区党

组织采取广泛发动与居民推荐相结合的方式，一方面，广泛发动辖区内的农场退休干部、退休司法干部、退休教师以及物业公司退休职工、外来流动人员代表等主动参与到“议事坛”中；另一方面，因势利导，有意识地把一批有威信、有特长、参与社区事务积极性高的同志，如楼组长、文体团队骨干、老干部、老党员等引入“议事坛”队伍中。

二是精选“群众精英”，组织议事活动。火车跑得快，全靠车头带。居民区党组织从17个议事员中，挑选公道正派、热心公益、思路清晰、顾全大局，在居民群众中具有很高威信的退休教师张贤林担任“议事坛”负责人。在他的带动下，“议事坛”成员为社区建设和管理出点子、想办法，在小区实事工程推进、环境卫生整治、平安社区创建、精神文明建设和社区自治等方面，发挥了积极作用，成为“两委”的“好帮手”。

二、坚持三个导向，丰富和拓展议事协商的内容

一是坚持需求导向凝聚共识。“议事坛”成员坚持以民意需求为指引，充分尊重民意，扮演好民情收集信息员的角色，将反映居民需求和社区情况的社情民意，及时反馈至居民区党组织和居委会，赢得了群众的信任和支持，促进“居民群众需求”与“社区管理工作”的无缝衔接。当跃进居民区党支部争取到结对共建企业20万元小区道路修建款时，居民对修建区段和修建时间意见不一。“议员们”主动到居民家中听取意见，鼓励大家集思广益、献计献策，并承担起了工程监督的重任，由“议事坛”推荐3名议事员作为监督员，代表小区群众对项目质量和进度进行有效监督，确保了改建工作圆满完成。

二是坚持问题导向破解难题。“议事坛”起源于解决社区管理难题，居民区党组织坚持以问题为导向，把解决突出问题作为议事协商的出发点和落脚点。“议事坛”成员为破解居委工作难题出谋划策，发挥居民贴心人的作用，化解居民之间、居民与驻区单位之间的矛盾，发挥社区事务议事员和矛盾化解调解员的作用。当跃进一村外来务工人员在小区乱停农用车，造成小区道路严重受损、环境卫生差、居民生活受影响时，居委干部、社区民警、综合协管员多次上门劝阻，但收效甚微。

“香樟园议事坛”就此事开展专题讨论，大家一致认为，整治小区乱停车现象只有从根源抓起，堵疏结合，先解决农用车停放点的设置问题。根据议事员的建议，居委会协同联动站与物业公司协调，将物业公司所属原职校空地作为外来人员停车场，双方签订了租赁协议，从根本上解决了农用车停放问题。

三是坚持项目导向激发潜能。通过政府考核传导压力，制订考核标准，下发自治手册，定期抽查情况，实行过程管理，通过以奖代补的方式实施激励，放大绩效考核的杠杆作用，进一步激发了协商议事的内生活力。

三、完善工作机制，确保议事协商取得实效

一是定期协商议事机制。“香樟园议事坛”每月定期召开一次议事会议，提前一个月公布下月议事主题，遇上突发事件，随时召开议事会。每逢居民区遇到需要解决的问题时，议事员们便集中在会议室，认真进行讨论、商议；对于较小的个案问题，议事员们往往会派出代表前往现场，或者在树荫下、路边集中讨论协商，能解决的就地解决。在不能达成统一意见的情况下，通过表决方式、少数服从多数的方法来达成共识。议事决议必须经半数以上议事员表决赞成通过，并在社区公告栏内公示一定的期限，充分吸纳民意，接受广大居民的监督。

二是多方联动处置机制。“议事坛”在居民区党支部的领导下开展工作，居民区党支部对“议事坛”工作负有组织引导、统筹协调和监督指导等职责。由居委会指导议事员共同推进社区管理和服务，互相支持、互相配合、互相监督，通过整合居委、“议事坛”两个层面的力量，形成自治合力。“议事坛”形成议事决议后，在党支部的引领下，与居委会、业委会、物业公司三方联动解决，共同推进社区管理和服务。

三是文明公约规范机制。通过“议事坛”平台，组织居民开展核心价值理念、道德规范和行为准则的学习讨论，完善社区“居民文明公约”，制订“负面责任清单”，通过政府与居民之间的“双向承诺”，对“不乱丢垃圾、不乱堆物、不乱搭建、不乱种植、不乱养殖、不乱停车”等事项做出承诺，居民才可以享受小区翻修道路、新建车库等便民实事项目，不断实现居民的自我管理、自我教育与自我服务。

基层自治“五步”工作法

城桥镇玉环居委会

一、产 生 背 景

由于社区工作基础、群众民主政治意识存在差异，致使广大党员群众对基层事务想参与没渠道、想管理没身份、想表达没人听、想监督没胆量等问题出现。为了能使基层民主管理模式生根、开花、结果，经过充分调研和试点，玉环居民区党支部推出了基层群众民主自治决策的“五步”工作法。

二、主 要 做 法

通过“一听、二议、三表决、四公开、五反馈”的“五步”工作法来实施民主决策的运行机制，切实保障群众的民主权利。

一“听”，即提出议项、听取民意。“三重一大”等涉及民主决策的事项，先由党支部提出讨论的事项，然后通过“三种方式”，初步听取村民的意见和建议。

（1）召开会议听意见。按照遇事党员先知的原则，要组织党员代表召开专题会议，将讨论事项向党员代表解释或说明，让党员在党内以民主的方式发表见解。

（2）走访座谈听意见。主要是通过社区两委干部每月走访群众，以及组织老干部代表、楼组长、居民代表和新村民代表等召开座谈会，听取他们的想法和看法。

（3）网络征询听意见。对于工作生活繁忙，无法亲自参与社区事务的群众，依托 E-mail、公众微信平台、微信群、QQ 群，积极推行“网上征询”活动，鼓励他们通过上网发表看法、畅所欲言。

二“议”，即反复商议、制订议案。重点抓好三个环节：

（1）“两委”商议。重点对征求的意见进行汇总和梳理，并在吸纳合理性意见的基础上，将讨论的事项整理成书面材料，拿到“两委”会议上进行讨论，形成议案初稿。

（2）代表团评议。对于议案初稿，需提交由党员代表、老干部代表、居民代表、驻区单位代表等 20～30 人组成的“代表团”进行评议，党组织根据代表评议的情况，对议案初稿进行修改，然后形成议案草案。

（3）居民代表。将议案草案制订成审议表格，发放到每家每户，以征求户代表的意见。户代表认为议案草案还要完善的，可提出修改意见；认为议案不可行的，可提出反对意见。议案草案经户代表签字盖章后，才能形成正式的书面议案。

三“表决”，即大会表决，形成决议。重点严把“两个关口”：

（1）严把议案提交关。如果书面议案在第二步“议”的环节中，户代表签字赞同的人数少于户代表总数 50% 的，该议案不能提交户代表大会讨论和表决。

（2）严把议案表决关。凡是提交的正式议案，只有 50% 以上的到会户代表表决通过后才能有效，否则推倒重来。

四“公开”，即全程公开、接受监督。

（1）公开决策结果。重点把户代表大会的出席人员、议案名称、具体内容、项目资金、时间节点和表决结果等进行公开，让村民知道议案是否通过，到底有多少人赞同、多少人反对。

（2）公开执行过程。决策事项在执行期间，及时公开各方面的进展情况，确保群众对决策执行过程及时了解、全面掌握。

（3）公开执行结果。决策事项执行结束后，把涉及资金使用、工程验收等相关事项向居民公开。如果村民对执行结果有不同看法的，比如，项目没有达到预期质量等，可以及时向社区党支部提出反馈意见。

五“反馈”，即跟踪反馈、整改提高。决策执行过程和结果在对外公开以后，要及时掌握相关动态情况，以更好地改进和规范民主决策程序。为此，建立健全了相应的跟踪反馈机制：

（1）事前反馈机制。决策在执行之前，若遇特殊因素导致决策不能实施的，党支部应及时向村民解释清楚，取得村民的理解和支持。

（2）事中反馈机制。决策在执行过程当中，要依托群众工作网络、民情联系箱等渠道，做好事中反馈，以便及时进行整改。对已定条例不予执行的居民进行说服、教育，对屡教不改、破坏社区公共利益的居民，运用法律武器维护集体利益。

（3）事后反馈机制。决策实施结束后，在年底组织居民代表和党员代表召开干部述职述廉和群众询问测评大会，通过“一问、一评”，来了解群众的满意程度。

三、工作启示

玉环社区党支部通过推广和实施“五步工作法”，以制度的形式，保障了群众的知情权、参与权、表决权和监督权，真正做到了还权于民，让群众决定要不要做、能不能做、怎样去做，维护了群众的民主权利，实现了居民的民主自治。将党的十八大提出“以扩大有序参与、推进信息公开、加强议事协商、加强权力监督为重点，拓宽范围和途径，丰富内容和形式，保障人民享有更多更切实的民主权力”的要求落到了实处。

和风宜家　温暖到家

东平镇风伟新村居委会

为认真贯彻落实市委一号课题“创新社会治理，加强基层建设”精神，风伟居委会结合实际，探索具有风伟特色的居民自治管理工作新途径，引入居民自治管理机制，建立一支以退休老干部、老党员、居民骨干为核心的矛盾调解队伍，并开设“和风宜家”工作室。运行以来，工作室以“六个一”工作法，深度掌握社情民意，及时发现并处置小区内包括尚处于萌芽状态的社会矛盾和邻里纠纷，积极维护小区的和谐稳定，构建睦邻良好环境，为发挥区域资源优势、推进居民自治的其他项目，起到了示范作用。

一、搭建居民自治平台，探索社会治理创新

一是建立自治组织体系。“和风宜家”工作室以社区事务管理为载体，以核心志愿者为中坚力量，建立社区居民自我管理、自我服务机制，将社区自治理念逐步融于社区事务管理之中，逐步形成“自己的事情自己议，大家的事情共同办”的居民自治管理氛围。为加强人民调解组织“第一道防线”的基本设施建设，居委会在镇政府的关心和支持下以及通过共建单位的大力协助，解决了办公用房，并配置办公桌椅、资料柜等各类硬件设施，调解室也基本按照人民调解规范化建设的要求进行了安排和布置。

二是规范居民自治行为。工作室成员名单及工作宗旨、工作制度、调解程序等均按规定上墙公示，旨在通过系列自治内容和形式，做到事出有人管、有人问，纠纷信息反馈快，防止纠纷激化升级，维护小区和谐稳定，进而增进社区邻里之情，增强社区凝聚力。

三是拓展民主自治渠道。主要负责接待居民来访、收集小区内突出矛盾和问题的动态信息、调处小区内的矛盾纠纷（主动调解、接受当事人申请调解和有关机关委托调解），并探索在信访、特殊对象帮教、小区精神文明等方面开展社会工作介入，逐步发挥和完善社区群众组织的自治内容，推进社会治理创新。

二、发挥居民主导作用，推动社区文明和谐

一是健全调解网络。工作室 6 名核心成员两人一组，每周一、三、五的接待日在工作室轮值，并执行“六个一”工作法：即常在小区走一走，走进家庭坐一坐，社区事务聊一聊，看见陋习管一管，碰到纠纷劝一劝，遇上困难帮一帮。此外，将小区划分为五个网格，每个网格设 2 名信息员，主要由居民组长、来沪人员网格长担任。信息员负责区域动态信息的收集，并及时将区域内非正常的动态信息报送“和风宜家”工作室。对于提供有效信息的，辅之一定的奖励。

二是加强队伍建设。不定期邀请镇司法所上门开展业务培训和法律知识讲座，通过针对性强的培训，增强成员的实践能力。工作室也经常开展经验交流和经验分享，如工作室负责人汤召斌分享的“因人制宜法”“将心比心法”“模糊处理法”等调解工作方法和技巧，使大家对调解工作有了更高的认识，拓宽了思路。互帮互学的氛围推动了团结协作的作风，增强了凝聚力，使“和风宜家”工作室形成了排查联手、研判联智、攻坚联动的“三联”工作模式，有效增强了调解工作的力量。自运行以来，“和风宜家”工作室共调解矛盾纠纷 10 起，其中，书面调解 4 起、口头调解 6 起；服务类 6 起，分别是 1 起代拟购房协议书、2 起代书遗嘱、1 起家庭房产归属协议书以及 2 起咨询类服务。

三是定期沟通协商。工作室每月召开一次信息沟通会，针对小区内出现的矛盾、存在的问题进行梳理。综合大家交流的情况，工作室成员累计制止或平息潜在矛盾 21 起，如在整治楼道过程中，有些居民不予配合并报以抵触情绪，工作室成员积极发挥作用，将矛盾一一化解。根据亟待解决的问题，还邀请居民代表共商对策，化解矛盾。如在风伟菜场改造过程中，由于布局问题，居民意见不一，工作室为此组织居民代表到现场与居委会、施工方共同协商，最终确定了最佳方案。针对重大问

题，授权工作室可提请居委召开议事会、听证会或居代会来共同商议，切实做到协商于民、协商为民。在具体工作中，工作室还收集到合理化建议10个，为小区建设注入了活力并明确了努力方向。

三、提升自治组织功能，深化居民自治内涵

一是赋权又增能。居委会明确职责，通过加强统筹协调，不断整合资源，搭建平台，全力支持工作室的各项工作。如建议工作室尝试边缘化协助社区外来人口管理和计生工作等，充分给予居民社区自治的权利，有序拓展居民自治领域，积极发挥社会组织在基层治理中的潜在作用。

二是角色大转变。"和风宜家"工作室的自治活动替代了居委会人民调解工作，居委会则半年一次对工作室进行指导与评估，形成掌舵不划桨、放手不放任的格局。这种探索提升居民自我管理、自我服务的途径，让面对小区事务的主体发生了转变，居委会从琐碎繁杂的调解事务当中脱身出来，感受到减负成效明显。

三是培育带头人。首先，以新的视角来认识带头人在社区治理中不容忽视的作用。其次，挑选了政治可靠，有威信、有业务基础的带头人——汤召斌同志。通过老汤参与社区事务治理，在以身示范的正面作用下，让小区居民增进沟通和了解，增强居民的凝聚力和认同感。此外，还制订社团负责人竞争上岗机制、社团工作评估机制和社团工作激励机制，旨在催生社区精英自我出现，并拟通过实践总结，逐步形成制度和机制上的安排。

居民自治是社区发展的内在动力，具有现代社区社会化管理的重要特征。在社区利益多元、需求多样、矛盾易发的背景下，"和风宜家"工作室作为实现思想引领、整合协调资源、化解社会矛盾的重要平台，通过发挥主体成员模范带头作用，积极探索居民自治成功做法，使小区在拓展居民自治的过程中，既充满活力又和谐有序，从而积极推动社会治理创新进展。

支部搭平台　党员做表率
推进社区自治上新台阶

海丰社区办事处

海丰社区办事处位于江苏省大丰市，是上海光明食品集团所属域外农场社区。辖区内有多家集团所属企业，是典型的企业型社区。2013年，我们根据社区特点，探索建立"轮值书记"制度，这是实践的一项党内活动。从加强党员自我管理、自我教育、自我服务、自我监督的角度出发，以"轮值书记"为平台，开展形式新颖、内容丰富的党内组织生活，使党建工作更加"接地气"、更加"亲民化"，不仅提升了整体党员的能力和素质，而且带动了社区自治各项工作的有序、有效开展。

一、以"轮值书记"为抓手，引导党员、居民开展社区自治

所谓"轮值书记"，就是社区党员轮流当一回"居民区书记"。经过两年多的工作实践，"轮值书记"活动主要发挥了"三个平台"的作用：一是以"轮值书记"为抓手，打造党员带头自治的平台。在"轮值书记"活动中，党员轮流当书记，从活动的主题确定到组织开展，都要党员自行完成，一方面给"当值书记"提供了一个自我展示的平台，另一方面也给其他党员提供了学习的机会，进一步增强了党员的责任意识和使命感，发挥党员带头参与社区自治的积极性。二是以"轮值书记"为抓手，打造带动居民参与自治的平台。"轮值书记"活动的主题，紧紧围绕社区建设、社区中心工作开展，并与民生息息相关。通过"和谐创建作为居民该做什么""平安社区建设人人参与"等活动的开展，为居民参与社区建设、参与自治管理提供平台，带动大家参与自治的积极性

和主动性。三是以“轮值书记”为抓手，打造驻场企业区域共治的平台。“轮值书记”活动的参与范围最初只是居民区的退休党员，目前已经扩大到共建单位在职党员、驻场企业党员，这将进一步丰富活动内容、为企业发展建言献策、参与企业文化建设等。同时，社区居民也关心企业发展现状，享受企业发展成果，推动企业支持社区建设，参与社区建设的积极性和主动性，为区域共治奠定基础。

[事例] 2014 年，汇丰居委会创建和谐社区，退休党员田崇志志愿作为“轮值书记”，通过对创建标准的自学，整理出 12 条在创建工作中居民应该做好的事情，并带领退休党员和居民共同学习。通过小区走访，针对办事处管理的薄弱环节提出合理化建议 16 条，为海丰办事处成功创建和谐社区奠定了基础。

二、以“六员”服务队为载体，形成合力，推进社区自治

所谓“六员”，就是“转一转”，做一个关注社会治安的协管员；“讲一讲”，做一个爱护环境卫生的监督员；“看一看”，做一个维护公共设施的呵护员；“问一问”，做一个了解邻里关系的调解员；“听一听”，做一个关心社会风气的巡视员；“说一说”，做一个倡导先进文化的宣传员。“六员”是由居民区党支部的离退休党员自发组成的，开展一系列志愿者活动的队伍。老党员们虽然离开了工作岗位，但是对工作有着不变的激情，对社区有着浓厚的感情，通过“六员”这个活动载体，让老党员们离岗不离党，继续发挥余热、继续为社区建设贡献力量。他们关心社区治安，发现问题及时向相关部门反映，确保小区和谐稳定；他们热心社区事务，积极在楼组宣传社区动态；他们注重邻里和睦，志愿做邻里关系的调解员；他们爱护小区环境，积极参与卫生整治，共建美丽家园；他们活跃在“三会一评”的活动现场，代表楼组、居民，反映来自群众的诉求与呼声，他们坚守在服务居民的第一线，尽己之力，努力为居民提供力所能及的帮助，维护着社区的和谐与稳定，他们用实实在在的行动，践行着“社区是我家，建设靠大家”的自治理念。

[事例] 每年的台风季节，“六员”都会行动起来，在小区巡逻宣

传："居民朋友们，台风就要来临，请大家关好门窗，做好安全防范工作。"2015 年 8 月，受台风"苏迪罗"影响，海丰普降暴雨，一夜之间，海丰各地区不同程度受灾。"六员"老党员们不顾个人安危，顶着暴风雨同社区工作人员一起到小区查看险情，他们发现一村停车场下水沟堵塞，就和工作人员一起清理。台风过后，还主动帮助社区工作人员及时做好灾后消毒和各项工作。

三、以帮扶结对为抓手，提高居民参与自治的积极性

居住在农场的退休职工大多子女不在身边，部分老同志更是独居、高龄，还有少部分重病在身，生活极不方便。为此，海丰办事处的党员干部及共建单位党支部挺身而出。不管是在职职工、退休居民，还是共建单位党支部，他们自发地、主动地结对这部分困难人群，带他们看病就医、帮他们买药购物、陪他们聊天谈心，让他们体会到社区大家庭的温暖。一方面让困难人群生活中的不便得到极大改善，另一方面通过帮扶结对，让社区居民体会到组织的关心和关爱，增强了党组织的凝聚力和向心力，提高了广大居民参与自治的积极性和主动性。在党员志愿者的带领下，社区居民有 200 余人加入志愿者队伍，用爱心回馈社区，用行动支持自治。

[事例] 海丰办事处现有在职党员 17 名，分别结对社区内独居、孤寡和重病老人，结对率达到 100%。带老人看病就医、帮他们买药买菜，陪他们聊天解闷是党员们经常做的一件事，他们用自己的实际行动彰显了党员的责任和情操。

四、以社企共建为依托，促进居民自治内容多元化

社企共建工作从 2009 年至今已经整整 7 个年头。经过 7 年的发展，社企共建队伍不断壮大，共建内容不断深化。海丰办事处党总支以"共建共赢、共同发展"为目标，以"社企资源共享、社区事务共商、社区

家园共建”为宗旨，加强与驻场企业的沟通联系，促进社企双方健康发展。通过党员教育联抓、员工培训联办、重大活动联做、文化建设联建、社区治安联防等多项举措，开展了消防大演练、“我身边的优秀共产党员”主题演讲、共建运动会、共驻共建现场会、组织“扬品牌进社区，创和谐在社区”文艺汇演等，着重发挥共建单位党员作用，促进居民自治内容多元化。

［事例］ 2015 年初，海丰办事处携手光明米业驻场单位召开共建工作现场会，以“携手并肩、共创未来”为主题，以推进共建工作项目化为目标，制订全年工作计划，并按照推进表稳步推进。截至目前，完成便民服务、结对社区困难群众、组织演讲比赛、开展读书交流活动等 9 项活动，既有利于基层党组织建设、发挥党员作用，同时也让社区居民更加了解企业发展，享受企业发展成果。

五、活动取得的实效

一是党员队伍建设得到提升，作用发挥更加明显。通过系列党员活动的开展，在社区建设及居民自治中，党员的作用发挥更加明显，同时增强了党员的责任感、使命感和荣誉感，党员队伍整体素质得到较大提升。

二是居民参与社区建设的积极性有所增强。在居民以往的认知里，社区事务就是办事处的事、就是居委会的事，和他们没关系，大多数人处于一种漠不关心的状态。经过长时间的努力，居民认知发生转变，居民参与社区建设的积极性也有所增强。如 2015 年的“三八”节，为了丰富退休职工的文化生活，当时居委会提出要举办一次文艺活动。提议一出，广大居民就主动领任务，自发组织小团队，唱歌的、跳舞的、扭秧歌的，从策划到排练、到演出，所有的准备工作都是居民自发组织、自发完成，居民参与自治的主动性已经明显增强。

三是居民参与社区建设的主动性有所增强。以前社区工作都是居委会让做什么，居民就做什么，经过几年来的自治工作，已经发展到社区有什么事，居民会主动自发地参与。经过一年多的努力，在广大党员干部现身示范的带头下，居民们对于社区大事小情，特别是关乎民生的社区事务，由原来的甚少关注到目前的主动问询，态度上发生了很大改变。

四是社区逐渐形成了“社区事务大家管、社区活动大家参”的良好局面。通过自治工作，海丰居民对社区建设发展、对社区大事小情都能够主动关心，对于社区活动都能积极参与。

六、活动创新启示

居民自治是探索社区管理新路径的积极实践，实现了居民对社区的共管、共建、共享。居民参与社区公共事务管理，可让居委会有更多的经历投入到社区建设、公共服务等工作中来。而在自治工作开展中，党员又发挥着至关重要的作用。党员的示范带头、无私奉献，能够增强党组织的凝聚力和向心力，能够激发和扩大居民参与自治的积极性和主动性。在今后的自治工作中，海丰社区将一如既往地发挥党员作用，创新自治载体、创新自治模式、创新自治内容，让居民更加认同自治、认可自治、参与自治，为海丰社区的和谐稳定做出新的贡献。

长青坊“民情交流日”防盗门安全管理中的“四定”机制

康健新村街道长青坊居委会

长青坊居委会康健星辰自然小区的防盗门自损坏以来，一直未得到妥善修理，最后导致防盗门系统瘫痪，防盗门形同虚设，给小区治安带来极大隐患。康健星辰自然小区的居民在“民情交流日”进行日常接待的时候，来居委会反映了对小区防盗门系统瘫痪的担忧，表达了希望加强小区安全管理的需求。民情交流自治团队通过“定人”在居委会接待，了解到康健星辰自然小区防盗门系统瘫痪这一问题，收集到了居民对于安全管理的迫切需求。

针对收集到的这一需求，长青坊党总支、居委会、民情交流自治团队在每月的议事会、民情研讨会上重点讨论了康健星辰自然小区防盗门系统瘫痪这一问题，分析了目前社区的实际情况以及居民的诉求，群策群力研究对策，探讨方法。自治团队经过议事会讨论之后，认为应一边对一些情绪激动的居民进行安抚，一边准备更换防盗门系统，回应居民对于小区安全管理的诉求，最终实现小区的安全管理。民情交流自治团队通过“定月”召开议事会、民情分析会，对收集上来的康健星辰自然小区防盗门安全隐患进行分析，聚焦防盗门系统更换任务，拟订由民情交流自治团队成员先筛选防盗门维护单位，再由业主投票选择工作方案。在工作方案交由居民代表大会讨论决定之后，民情交流自治团队成员在楼组、社区团队层面进行动员，为防盗门系统更换工作做好前期的宣传和准备。

确定了更换防盗门系统的方案后，民情交流自治团队针对防盗门工程的邀标选聘等事宜提供服务。由楼组长、业主代表等组成的工作团队经过多方联系，筛选出三家防盗门公司，在小区内设摊咨询，使业主直接跟防盗门公司沟通，并将三家防盗门公司的概况张贴在小区内，通过多种渠道让居民了解各家防盗门公司的情况，使居民直接参与社区事务的管理。再由自治团队成员以发放意见征询表的方式征求康健星辰全体业主意见，由全体业主公投选聘合适的防盗门维护单位。民情交流自治团队通过“定向”开展防盗门公司筛选工作，团队走访促进居民对于防盗门维护单位的了解，从而为社区居民参与提供信息保障，促使居民进行自我管理。

民情交流自治团队将防盗门问题记录在民情台账上，指定康健星辰自然小区分支团队小组长进行包干负责，及时与居民进行信息沟通，有重大事项均先听取居民意见。在选聘新的防盗门维修公司上，做到“三公开”——选聘过程公开、事项公开、资金使用公开。民情交流团队在“定责”中对相关团队成员进行问责，并通过建立民情台账以及运用联系反馈表等形式进行服务反馈，实现居民对自治工作全方位的民主监督。

在长青坊“民情交流日”防盗门安全管理的案例中，民情交流团队通过“四定”机制，动员社区楼组、团队等层面的自治力量，共同进行防盗门维护单位的筛选，实现了社区自治力量的联动。由此可以看出，长青坊居委会通过“四定”机制，真正实现了社区自治平台实体化与社区自治的系统化发展。

第二章 自治规则的制度化

居 民 公 约

一、居民公约的含义和特征

1. 居民公约的含义

居民公约是由居民会议制订的，体现居民的利益和意愿，是以规范居民行为为目的的规章。居民公约由社区居民委员会监督执行，并具有一定的约束力。因此，每一个居民在生活活动中，都必须严格遵守居民公约。

居民公约与法律、法规有哪些区别？居民公约和法律、法规是两个不同层次的行为规范。法律、法规与居民公约的区别有以下几点：

（1）法律、法规是一个国家占统治地位的阶级的利益和意志的集中表现，是统治阶级实行阶级专政的工具。居民公约则是居民为维护本居住区居民的利益和规范居民行为而制订的，是本居住区全体居民的利益和意志的集中表现，是居民实行自治的工具。

（2）法律、法规是全国人大常委会及地方省级人大常委会制定的，而居民公约则是由居民会议制订的。

（3）法律、法规是由各级政府强制力保证实施的，而居民公约则不是由各级政府强制力保证实施的，它的实施主要是靠居民的自觉遵守和社区居民委员会的监督执行，违反了居民公约，由社区居民委员会按照居民公约的规定处理。社区居民委员会不能侵犯公民的人身权利和财产权利。如果居民公约本身与有关法律、法规和政府规章相抵触，则社区居民委员会不能依照居民公约，而必须依照法律、法规和政府规章执行。

居民公约与道德有哪些区别？社会行为规范大致可分为两大类：一类我们称之为法律、法规及政府规章，一类我们称之为道德。居民公约作为一种行为规范，它主要属于道德规范，但与一般的道德规范又有所不同。道德是人们评价人的善与恶、光荣与耻辱、正义与非正义的行为规范的总和。道德与居民公约的区别有以下两点：

(1) 道德是存在于人们的意识、观念、社会舆论之中的东西，不是通过一定的程序讨论制订的；而居民公约则是由居民会议讨论制订的。

(2) 道德是依靠人们的信念、社会舆论以及习惯力量来维持的，而居民公约虽然主要也是依靠居民的自觉遵守和社会舆论来维护，但违反居民公约，社区居民委员会可以根据居民公约的规定进行处理，例如，可以要求违反者写检讨、写保证书，或者处以少量罚款等。

2. 居民公约的特征

居民公约作为一种行为规范，作为居民行使自治权利的一种重要形式，具有以下四个特征：

(1) 群众性。所谓群众性，即居民公约由居民共同讨论制订，集中反映居民的利益和行为规范，居民要自觉遵守，由社区居民委员会监督执行。

(2) 合法性。所谓合法性，即居民公约由居民按照国家的法律、法规和政策制订，并且其内容不得与国家的法律、法规和政策相抵触，否则无效。

(3) 针对性。所谓针对性，即居民公约必须根据国家的有关法律、法规和政策的精神，结合本地的实际情况而制订。因此，居民公约的有效性、实用性，就在于能否结合本居住区的实际，有针对性地规定一些条款。

(4) 规范性。所谓规范性，即居民公约如同法律、法规一样，条纹要清晰，内容实际，执行有依据，精神合法。

3. 居民公约的作用

居民公约的作用主要表现在基层社会治理和社会主义精神文明建设两个方面。

第一，居民公约在基层社会治理中的作用，主要体现在以下三个方面：

(1) 通过公约，可以激发居民当家作主的主人翁责任感，从而调动居民积极参与社区建设和管理。

(2) 通过公约，可以调整人们的人际关系，处置好邻里关系，督促居民的行为规范。

(3) 通过公约，可以克服违章搭建，改善生活环境，维护社会稳定。

第二，居民公约在社会主义精神文明建设中的作用，主要体现在三个方面：

(1) 居民公约把精神文明建设的要求进一步具体化、条文化，为居民从事各项活动提供了具体的规范。

(2) 居民公约把开展“五讲四美”“五好家庭”等活动经常化、制度化，把建设社会主义精神文明落实到千家万户，从而保证社会主义精神文明建设活动在城市基层深入持久地开展下去。

(3) 居民公约把政府不便管的事情管起来，而且居民公约是居民自己制订的，是居民的自觉要求，可以形成强大的社会舆论和约束力，从而大大促进社会主义精神文明建设的发展。

二、居民公约的内容和要求

1. 居民公约的内容

居民公约的内容非常广泛，几乎涉及城市基层社会生活的各个方面，具体包括：

(1) 关于加强外来人员管理、整治违章搭建、楼组执勤、夜间巡逻等内容。

(2) 关于做好绿化、美化环境、讲究卫生、整洁环境等内容。有的居民公约将如何做好本居住区的绿化、如何美化环境、不得随地吐痰等作为规定。

(3) 关于破除迷信、移风易俗、爱护公物、不损公肥私、不损人利己、拾金不昧、互相友爱、尊老爱幼、尊敬师长、赡养老人、教育子女、讲究卫生等内容。

2. 居民公约内容不得与宪法、法律、法规和政府规章相抵触

居民公约的内容不得与宪法、法律、法规和政府规章相抵触，因为宪法、法律、法规和政府规章是具有强制力的行为规范，特别是宪法具有最高的法律效力，每一个公民都必须严格遵守。居民公约作为城市基层群众进行自我管理、自我教育、自我服务、自我约束、自我监督的重要形式，当然，其内容不得同宪法、法律、法规和政府规章

相抵触。

(1) 宪法、法律、法规和政府规章已有明确规定的，居民公约不能加以改变，也不能作出与之相抵触的内容。

(2) 宪法、法律、法规和政府规章虽没有明确具体的规定，但有党和政府文件规定的，居民公约不能同这些原则相违背。

3. 居民公约选用名称的要求

(1) 要方便群众，易懂易记，不要用那些令居民陌生又不易记的名称。

(2) 要同居民公约的性质和内容相适应。居民公约是居民共同制订、自觉遵守的一种行为规范。因此，名称要与这一性质相适应。居民公约的内容各不相同，其名称也应和它的内容相适应，使人一看就知道是什么内容。

(3) 要逐步走上规范化，便于居民记忆。

根据上述要求，居民公约一般采用“公约”“告示”“通告”“决议”“决定”等几个名称为宜。如《××社区居民委员会关于破除迷信、移风易俗的决议》等。

居民公约内容的写法，在实践中，大致有两种写法：一种是条文式，即按一、二、三排列；一种是碑文式，即不列一、二、三，而像写碑文那样，从头到尾一气写下来。一般来说，条文式文体比较简明扼要、层次清楚、便于记忆；碑文式文体比较自由，便于说理。在实践中，可以结合居民公约的内容，灵活运用。

在实践中，居民公约记载的方式有两种：一种是不成文，一种是成文。不成文，就是居民会议讨论决定后，当场宣布，不写成文字，靠人们的记忆保存。成文，是采用各种文字形式（如，印成册、刻成碑文等）把居民会议讨论决定的内容记载下来。不成文比较简便，适用于内容简单、短期有效的事项，如在春节前，居民开会商议几条关于春节期间不乱放鞭炮、不大吃大喝、不酗酒赌博等，可以采用这一方式。成文适用于内容较丰富、要求长期遵循的事项，如关于禁偷、禁赌、破除迷信、移风易俗等，一般应尽量采取成文的方式。

居民公约的制订

一、制订居民公约应注意的事项

居民公约是城市居民进行自我管理、自我教育、自我服务、自我约束的行之有效的重要手段，它体现了居民自治的原则。制订居民公约不仅是我国城市居民委员会的性质所决定的，而且也是当前推进社区自治和加强社会治理的客观形势的需要。

首先，制订居民公约是推进城市基层群众自治的需要。居民公约是社区居民委员会组织居民进行自我管理、自我教育、自我服务，实行居民自治活动的准则和规章，是社区居民委员会开展工作，实现居民自治的重要保证。

其次，制订居民公约是加强社会治理的需要。制订居民公约对于加强社会主义精神文明建设、稳定社会、维护安定团结、促进社区和谐都有着十分重要的作用。

制订好居民公约，是开展城市基层群众自治的重要举措。因此，制订居民公约应注意以下几点：

（1）制订居民公约应以《中华人民共和国城市居民委员会组织法》的有关规定为依据，必须由居民小组广泛酝酿和讨论，然后由居民会议讨论确定，改变有些地方由街道统一制订，各个居民区统一的居民公约的内容和形式的现象。在制订时，必须注意它的群众性和民主性，让广大居民充分讨论，充分发表意见和看法，在得到多数人的同意后才能成立。制订居民公约时，要充分发扬民主，民主协商，真正得到由居民自己讨论制订，自己监督执行，使居民公约成为名副其实的“民约”。

（2）制订居民公约必须以宪法、法律、法规和政策为依据，不得与国家的宪法、法律、法规和政策相违背。要严格依据有关法律和政策。

制订居民公约时，一定要严格地以国家的有关法律、法规和政策为依据，确保居民公约的合法性，防止把居民公约变成“土政策”。

（3）制订居民公约要紧密结合本地实际情况，要有针对性，要注意解决群众迫切需要解决的问题，不要搞不切合实际的禁令，不提过高的要求。居民公约的内容要以居民应当怎么做、不应当怎么做、规范大家行为为主，要以教育为主，经济制裁为辅，特别要注意避免把居民公约变成以经济处罚为主的“罚约”。

（4）居民公约的内容要通俗易懂，简明扼要，便于记忆，不能搞得太复杂。

（5）居民公约要根据变化了的情况及时修补、补充。要根据形势变化发展的要求，不断地使居民公约的内容更新、充实，以便在城市基层自治活动中发挥更大的作用。

（6）居民公约制订后要报乡镇人民政府或者街道办事处备案。

二、居民公约制订的程序

居民公约的制订程序没有统一的规定，从各地的实践做法来看，居民公约的制订程序一般可以分为以下几个环节：

（1）草案的提出。草案由社区居民委员会或者居民小组提出。

（2）草案的讨论。草案先由居民小组进行研究讨论，充分听取居民小组的意见。

（3）草案的通过。草案在居民小组广泛讨论的基础上，由居民会议讨论通过。

（4）公布。居民公约除在社区居委会公布外，还要在居民楼组公布。有的居民公约可印小册子发到每户居民。

（5）备案。居民公约一旦通过，要及时报乡镇人民政府或者街道办事处备案。乡镇人民政府、街道办事处接到居民公约后，要认真把关，研究居民公约是否与法律、法规和政府规章相悖。

居民公约草案的提出，是居民公约制订的开始。实践中有两种做法：一种是由社区居民委员会成员在居民会议之前先讨论提出一个草案，然后交居民会议讨论。一种是由居民会议边讨论边提出，然后由社区居民委员会稍加整理，再交居民会议讨论；也有的由居民一个人或几个人或居民小组先提出一个草案，经社区居民委员会同意后，提交居民会议讨论。

居民公约草案提出后，一般由社区居民委员会提交居民会议讨论，这是关系到充分发扬民主，使居民公约趋于完善的重要环节，是居民公约制订过程中的重要阶段。

居民会议讨论制订居民公约可以采用大会讨论的方式，也可以分组讨论。讨论不能走形式，要允许、鼓励居民充分发表意见，并充分尊重居民提出的意见，根据居民提出的意见进行修改，接受不了的，要向居民进行解释说明。

《中华人民共和国城市居民委员会组织法》第九条第二款规定："居民会议必须有全体十八周岁以上的居民、户的代表或者居民小组选举的代表的半数出席，才能举行。会议的决定，由出席人的过半数通过。"该法第十五条规定："居民公约由居民会议讨论制定。"因此，居民公约须经居民会议出席人的过半数通过。通过可以采用举手的方式，也可以采用投票的方式。参加会议的居民每人有一个表决权。表决时，居民可以表示赞成，可以表示反对，也可以弃权。

三、居民公约的公布

居民公约的形式一般有三种：一是印成传单或册子式样，每户分发一份；二是抄写在宣传栏上加以公布；三是抄在大纸上在各楼道张贴。无论采用哪种形式公布，务必做到家喻户晓，人人皆知。

四、居民公约效力终止的情况

居民公约效力的终止，一般有以下几种情况：

（1）居民公约违反《宪法》、法律、法规和国家政策的有关规定而失去效力；

（2）居民会议又制订了新的居民公约，旧的居民公约失去效力；

（3）居民会议决定撤销居民公约；

（4）因情况发生了变化，居民公约自动失去效力。

五、居民公约示例

长青坊社区坊规民约

康桥街道长青坊居委会

遵纪守法，戒赌禁毒；崇尚科学，反对邪教。
邻里团结，扶弱助残，家庭和睦，爱幼敬老。
公用楼道，畅通整洁，垃圾袋装，严禁高抛。
车辆停泊，规范有序，饲养宠物，处处管好。
晾衣种花，水不下滴，安装空调，排水有道。
公共设施，自觉爱护，栽树种花，注重环保。
强身健体，齐齐参与，书画文娱，陶冶情操。
家家学习，勤读书报，践行公德，我定做到。

敬老爱老居民公约

石门二路街道奉贤居委会

合理膳食，营养搭配。

工作再忙，不忘联系。

提高警惕，预防诈骗。

关爱老人，温馨提醒。

陪伴父母，回家看看。

适老改造，排除危险。

居家物品，合理放置。

老有所好，其乐无穷。

注意细节，预防危险。

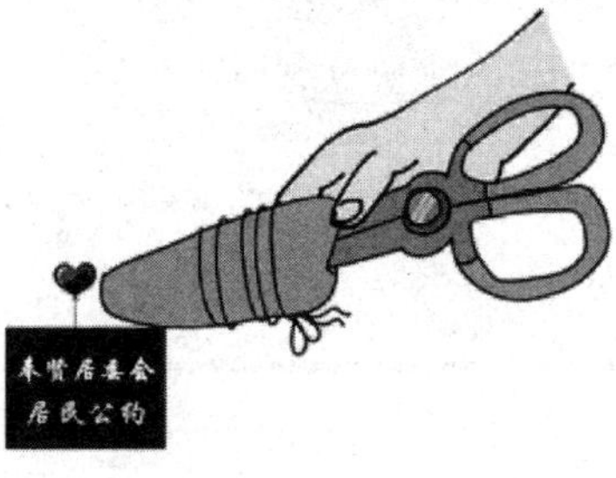

安装警铃，防患未然。

方便老人，点滴做起。

“文明祭奠”居民公约

石门二路街道华沁居委会

延吉社区文明养犬公约

延吉新村街道控江路645弄居委会

1. 依法养犬，自觉遵守《上海市养犬管理条例》及相关法律；

2. 每年定期为犬注射狂犬疫苗及其他疫苗，并进行体检；

3. 外出遛狗请使用牵引带，避免近距离接触小孩、老人、孕妇等；

4. 外出遛狗时间尽量避开上、下班高峰，避免影响他人；

5. 外出遛狗请及时清理爱犬粪便，并妥善处置，共同保持社区环境清洁卫生；

6. 善待爱犬，提供必要的养育、护理、训练及医疗条件，不长期囚禁、拴养犬只，不虐待犬只；

7. 携犬出户时，不携犬进入禁遛犬区域，如睦邻中心、公交车等人群密集的公共场所；

8. 以积极合作的态度对待因犬引发的纠纷，主动承担责任，平和、友好地协商解决相关事宜，化解矛盾；

9. 要保持睦邻友好，采取有效措施制止清晨和深夜犬叫，避免犬吠扰民，干扰他人正常生活；

10. 要保持睦邻友好，没有养犬的居民要以包容理解的态度来理解一些偶然的不便。

为了能和邻居们和睦相处，为了我们心爱的宠物，请大家自觉遵守文明养犬公约。

签约人姓名：　　　　　　　　　　性别年龄：

狗狗的名字：　　　　　　　　　　狗的种类：

家庭住址：　　　　　　　　　　　紧急联系电话：

居民自治章程

《居民自治章程》示例一

小东门街道荷花池居民区

2013年1月

第一章 总 则

第一条 为加强基层民主政治建设，保障居民对社区公共事务民主参与、民主管理、民主决策、民主监督的权利，促进社区物质文明和精神文明建设，推进社区居民自治工作，根据《中华人民共和国和城市居委会组织法》、市区两级民政部门对自治家园建设的指导意见，以及本街道创建和美东门社区的具体要求，结合本居民区实际，制订本章程。

第二条 本章程适用居住在本社区的居民或在本社区工作、生活的其他成员或单位。

第三条 本章程由社区居民代表会议讨论通过，居委会具体组织实施。

第四条 居委会在组织实施中，依法接受社区党组织的领导和街道办事处的指导。

第二章 社区党组织

第五条 社区党组织在街道居民区党委的领导下开展工作，是组织开展居民自治的领导核心，政治上的保障。

第六条 社区党组织的主要职责：宣传贯彻党的路线、方针、政策和国家的法律法规；团结组织党员和居民群众完成本社区所应担负的各项任务；支持和保证社区居委会依法自治，履行职责；加强党组织自身建设，发挥党员在社区建设中的先锋模范作用。

第三章　社区居委会

第七条　社区居委会成员由社区居民选举产生，是实现居民自我管理、自我教育、自我服务的基层群众性自治组织，是依法具体实施居民自治工作的平台。

第八条　社区居委会的主要职责：宣传宪法、法律、法规和国家的政策，维护社区居民的合法权益，教育居民依法履行应尽的义务，爱护公共财产，开展多种形式的社会主义精神文明活动；办理本社区居民的公共事务和公益事业；调解民间纠纷；协助维护社会治安；协助政府或区办事处做好与社区居民利益相关的公共卫生、计划生育、优抚救济、青少年教育等项工作；向政府反映社区居民的意见、要求并提出建议。

第四章　社区居民和单位

第九条　社区居民享有以下权利：

（一）民主选举权。凡年满 18 周岁，常住户籍人口和在本社区居住满一年以上的已办理暂住证的外来人口都有选举权。依法剥夺政治权利或精神病患者在发病期间的除外；

（二）民主决策权。社区重大事务在实施前，社区居民有权向居委会或居民代表提出意见和建议，由社区居民会议或社区居民代表会议决定；

（三）民主管理权。社区居民对社区事务的管理提出意见，并要求居委会将与居民利益相关的有关事项及时公布和解释说明；

（四）民主监督权。社区居民对居委会的成员或社区相关单位及其工作人员的工作进行评议。对不负责任的有关人员有权向居委会、社区党组织、街道办事处反映。

第十条　社区居民和社区成员单位义务：

（一）依法履行法律规定的各项义务，自觉遵守社区居民自治章程；

（二）积极参加社区组织的各项政治、文化、体育活动；

（三）自觉参与提供社区服务的志愿者组织，自愿服从工作安排和完成任务；

（四）弘扬正义和志愿者精神，敢于同不文明行为以及违法犯罪活动作斗争；

（五）爱护公共设施和保持公共卫生，自觉维护楼道畅通和环境以及

小区绿化;

(六)社区成员单位应积极支持社区开展资源共享活动,协助配合居委会做好社区单位设施的开放和管理。

第五章　社区居民代表

第十一条　社区居民代表大会是社区最高权力机构,是全体社区成员依法行使民主权利、参与民主管理、体现自治权的基本形式,实行民主选举、民主管理、民主监督和民主决策。

第十二条　社区居民代表由本社区内年满18周岁以上有选举权和被选举权的居民选举产生。

第十三条　社区居民代表的权利:

(一)罢免权。对不称职和因工作失误造成重大损失的居委会成员有权实行罢免。

(二)审议权。审议和通过本社区发展规划,并有权提出质疑和批评意见。

(三)监督权。对居委会的各项工作实行有效的监督,并有权提出质疑和批评意见。

(四)调查权。经居民代表会议的授权和委托,居民代表有权对居委会的某项工作进行调查。

(五)提出议题权。可以单独或由几名代表联名提出议题并报送居委会,居委会应给予及时妥善的处理和反馈。

第十四条　社区居民代表的义务:

(一)联系社区居民的义务。应经常联系社区居民和其他成员单位、征求意见,并及时向居委会反映,维护社区居民的正当利益和合法权益。

(二)带头模范地遵纪守法,同时积极引导和教育社区居民。

(三)带头执行,宣传贯彻居民代表会议的各项决定、决议。

(四)按时参加社区居民代表会议,无正当理由不得缺席。

(五)协助居委会做好工作,在社区建设的各项任务中起模范带头作用。

第六章　社区群团组织的管理

第十五条　本社区依法成立的各类协会或内部组建的各类社区志愿者组织、群众文娱组织,是实现居民自治的重要载体,其性质属于非营利性、群众性的组织，活动宗旨应该是弘扬社区邻里文化，守望相助帮困解难，普及科学文化体育活动，提倡健康、快乐、友谊、和谐，提高辖区居民的综合素养，积极参与社区的管理和建设。

第十六条　本社区鼓励引入社会组织参与社区的各类服务和活动，协助本社区各类组织的培养和成长，活动应自觉遵守国家政策、法律、法规，服从社区党组织的领导和居委会的管理，开展活动前呈报居委会备案，严禁以组织名义为个人或企业乱拉赞助、传销产品，谋取非法利益。

第十七条　活动经费来源可以在合法的范围内自筹，在核准的业务范围内开展活动或服务获取收入，经费必须用于各类组织业务范围和事业发展，禁止在会员中分配。

第七章　社区风尚

第十八条　社区居民应积极践行社会主义核心价值观。邻里之间要相互尊重、相互理解、相互帮助、和睦相处，守望相助，建立良好的睦邻关系。

第十九条　家庭成员应相互尊重、相互信任，做到尊老爱幼、赡老扶幼，构建团结和睦的新家庭，户户争创文明好家庭。

第八章　附　　则

第二十条　居委会属下的各专业委员会可根据本《章程》制订社区居民议事制度、社区调解委员会工作制度、社区民生服务保障制度、社区治安管理制度等各项自治制度。

第二十一条　本《章程》由居委会负责解释，如有与国家法律、法规相抵触的，按国家法律、法规执行。

第二十二条　本《章程》自社区居民代表大会通过之日起生效，并报街道办事处备案。

《居民自治章程》示例二

殷行街道开鲁三村居委会

第一章　总　　则

第一条　为进一步推进基层民主政治建设，保证居民依法实行自我管理、自我教育、自我服务、自我监督，促进社会主义精神文明建设，根据《中华人民共和国城市居委会组织法》，结合本居民区实际，制订本章程。

第二条 实行居民自治是在居民区党总支的领导下，建立“邻里之家”大楼自我管理小组（以下简称管理小组），组织居民民主管理本居民区的公共事务，实行居民区民主自治。

第三条 本章程适用于本居民区内三幢18层高层商品房内所有居民。

第二章 运行制度

第四条 管理小组是在居民区党总支、居委会的领导下，负责本小区内公共事务的协调、处理等工作的机构。管理小组成员由居民民主推选产生，每幢2名楼组长，共6名楼组长担任，对公共事务分工负责、各司其职。

第五条 设立楼组长接待日，广泛收集民情民意，积极帮助居民排忧解难，促进社区和谐稳定。

第六条 每周定期召开“邻里之家”民主议事会，对大楼内公共事务、居民需求建议等开展民主商议、共议共决。

第七条 每月10日定期召开居委会、物业公司、业委会、居民代表联席会议，对涉及大楼内的公共事务、实事项目和交办任务，共商共议、制订解决方案。

第三章 主要工作职责

第八条 根据社区居民诉求，管理小组通过协商座谈、专题调研、视察巡访等形式，推动社区治理。

第九条 管理小组负责对辖区内所有事项进行受理，对于受理结果及时通知居民，与居民协商解决。

第十条 管理小组负责将小区内重大事件提交联席会议，对联席会议确定的事项和工作安排，管理小组负责通过“一室两会”自治渠道、楼组长例会、上门宣讲、走访等多种形式向大楼居民宣讲通报，主动接受居民评议。对决议落实情况负责监督，督促业委会、物业和居委会各项工作，确保决策事项落地见效。

第十一条 管理小组有权依法开设各类文化娱乐活动，丰富社区居民文化生活，提高社区居民文化水平。

第十二条　管理小组可依法吸纳社区志愿者加入社区服务队伍，共同协助社区的管理、服务工作。

第四章　附　　则

第十三条　本章程于2014年12月30日由开鲁三村居民代表会议审议通过，2015年1月1日起实施。

第十四条　本章程由开鲁三村居委会负责解释，大楼自我管理小组负责具体实施。

第三章

自治体系的规范化

居民议事厅”议事规则与工作制度

一、居民议事厅议事规则

1. 居民议事会议组成

由居委会主持召集，组成人员主要包含业委会、物业公司、半淞园派出所社区民警、各类居民代表。

2. 居民议事会议时间安排

（1）居民议事会议每月召开一次；

（2）居民议事会议扩大会议每季度召开一次；

（3）遇有突发性、群体性事件，居民议事会议将根据实际情况及时召开。

3. 具体议事内容

（1）建立居委会组织架构，完善制度建设，并由居委会牵头，组织成立相关的工作监督管理小组、居民文化、体育活动小组等。

（2）组织学习《社区居委会工作手册》《物权法》等社区民主管理有关知识。

（3）商议制订住宅小区物业管理有关规定、物业管理工作计划、设施设备维修及更新改造计划，以及财务预算、决算报告。

（4）创建全国和谐社区、全国平安社区活动、全国绿色社区、全国节能减排社区。

（5）商议小区内治安环境及有关突发性、群体性事件的处置预案。

（6）居民议事会议坚持实行一事一提、畅所欲言、同步协商、少数服从多数的原则，必要时可采用民主投票表决的形式，决议有关问题。

（7）居民议事会议成员应遵守会议纪律，做好会议有关内容的保密工作。

(8)落实居民议事会议内容的书面记录、备案制度。

二、“民情议事厅”工作制度

为更好发挥民情议事厅的作用，使民情议事厅的工作更加规范化、制度化，特制订以下工作制度：

(1)以充分发挥自治功能为目标，实现社区管理规范有序、社区服务丰富多样、社区文化特色鲜明、人际关系和谐融洽、广大居民安居乐业。

(2)民情议事厅每月召开一次例会，由民情议事厅厅长主持，民情议事厅30名成员参加，商讨社区管理中存在的问题、居民们迫切需要解决的问题，以及居委会需要民情议事厅协助解决的事情。对于需要多方协调解决的问题，由居委会牵头，召开由物业公司、居委会、社区民警、居民代表共同参加的专题讨论会。

(3)民情议事厅成员平日将社区居民反映的问题进行收集和记录，将问题进行分类归纳，并由民情议事厅例会进行讨论解决。

(4)实行会议记录制度，由专人将每次会议内容、讨论意见和最后决定都进行详细记录，确保日后对于会议提出问题的追踪和反馈。

(5)深化民情议事厅事务公开，对于民情议事厅会议的相关内容，及时以公告栏的形式向居民公开，让居民更好地了解社区问题，使社区事务更加透明、公开，增加居民的社区归属感，充分发挥民情议事厅居民自治的特性。

居委会自治委员会工作细则

古美路街道古龙三村居委会自治委员会工作细则
和睦团结（民政）委员会工作细则

第一章　人员组成

第一条　民政委员会是居委会下设的专门工作委员会，主要负责组织开展与民政相关的居民自治工作。

第二条　委员会由主任和4名委员组成。主任由居民担任，1名居委会干部担任联络员。

第三条　委员由居民代表会议推选产生。委员会主任由全体委员推选产生。

第四条　委员任期与居委会委员任期相同，三年一届，可连选连任。

第五条　委员出现缺额时，应根据实际情况及时增补。

第六条　委员出现以下情况应当辞去委员职务：

（一）已不是本社区居民。

（二）因身体、工作原因等难以继续履行职责的。

（三）违反小区议事规则、管理规约，或者拒不履行业主义务的。

（四）违反有关法律、法规，造成负面影响的。

本人不提出辞职的，由委员会讨论通过并通知本人。

第二章　工作内容

第七条　委员会主要工作内容包括：

（一）加强宣传引导。宣传有关法律、法规和国家政策，引导居民遵守社会公德和居民公约。

（二）开展联系走访。通过分片、上门走访等形式，密切联系居民，了解居民需求和意见建议。

(三)组织协商议事。负责收集居民的意见、建议和诉求，提出解决方案，并视情况提请居委会讨论。

(四)培育自治团队。培育本系统的自治团队，推进规范化发展，扩大社区居民参与。

(五)开展自治活动。组织开展自治互助活动，弘扬关爱邻里、奉献社区的精神，提升社区自治氛围。

第三章　议事规则

第八条　委员会议事规则如下：

(一)委员会一般每月召开一次会议，必要时可临时召开。

(二)会议由委员会主任召集。

(三)会议必须有三分之二以上委员到会方为有效。根据议题需要，可邀请若干名居民代表列席会议。

(四)委员会要及时收集议题，可通过走访联系、了解大联动巡查情况等方式收集议题。

(五)围绕议题，委员会应了解与议题相关的具体情况，必要时可召开居民座谈会听取意见。

(六)讨论议题，应由召集人作介绍后，与会人员逐一、充分发表意见。

(七)进行表决。根据少数服从多数原则，赞成票超过应到委员人数的三分之二为通过；表决形式，可根据议题情况采取举手或投票等方式进行。表决结果由会议召集人当场宣布。

(八)委员会讨论形成的工作方案，应分工落实。涉及居民区公共事务的重要工作事项，经会议讨论通过后，及时提交居委会讨论。

(九)会议由联络员负责记录。

协同内外(宣传)委员会工作细则

第一章　人员组成

第一条　宣传委员会是居委会下设的专门工作委员会，主要负责组织开展与宣传文体相关的居民自治工作。

第二条　委员会由主任和4名委员组成。主任由居民担任，1名居委会干部担任联络员。

第三条　委员由居民代表会议推选产生。委员会主任由全体委员推选产生。

第四条　委员任期与居委会委员任期相同，三年一届，可连选连任。

第五条　委员出现缺额时，应根据实际情况及时增补。

第六条　委员出现以下情况应当辞去委员职务：

（一）已不是本社区居民。

（二）因身体、工作原因等难以继续履行职责的。

（三）违反小区议事规则、管理规约，或者拒不履行业主义务的。

（四）违反有关法律、法规，造成负面影响的。

本人不提出辞职的，由委员会讨论通过并通知本人。

第二章　工作内容

第七条　委员会主要工作内容包括：

（一）加强宣传引导。宣传有关法律、法规和国家政策，引导居民遵守社会公德和居民公约。

（二）开展联系走访。通过分片、上门走访等形式，密切联系居民，了解居民需求和意见建议。

（三）组织协商议事。负责收集居民意见、建议和诉求，提出解决方案，并视情况提请居委会讨论。

（四）培育自治团队。培育本系统的自治团队，推进规范化发展，扩大社区居民参与。

（五）开展自治活动。组织开展自治互助活动，弘扬关爱邻里、奉献社区的精神，提升社区自治氛围。

第三章　议事规则

第八条　委员会议事规则如下：

（一）委员会一般每月召开一次会议，必要时可临时召开。

（二）会议由委员会主任召集。

（三）会议必须有三分之二以上委员到会方为有效。根据议题需要，可邀请若干名居民代表列席会议。

（四）委员会要及时收集议题，可通过走访联系、了解大联动巡查情况等方式收集议题。

（五）围绕议题，委员会应了解与议题相关的具体情况，必要时可召开居民座谈会听取意见。

（六）讨论议题，应由召集人做介绍后，与会人员逐一、充分发表意见。

（七）进行表决。根据少数服从多数原则，赞成票超过应到委员人数的三分之二为通过；表决形式，可根据议题情况采取举手或投票等方式进行。表决结果由会议召集人当场宣布。

（八）委员会讨论形成的工作方案，应分工落实。涉及居民区公共事务的重要工作事项，经会议讨论通过后，及时提交居委会讨论。

（九）会议由联络员负责记录。

古道热肠（调解）委员会工作细则

第一章　人 员 组 成

第一条　调解委员会是居委会下设的专门工作委员会，主要负责组织开展与治保调解相关的居民自治工作。

第二条　委员会由主任和 4 名委员组成。主任由居民担任，1 名居委会干部担任联络员。

第三条　委员由居民代表会议推选产生。委员会主任由全体委员推选产生。

第四条　委员任期与居委会委员任期相同，三年一届，可连选连任。

第五条　委员出现缺额时，应根据实际情况及时增补。

第六条　委员出现以下情况应当辞去委员职务：

（一）已不是本社区居民。

（二）因身体、工作原因等难以继续履行职责的。

（三）违反小区议事规则、管理规约，或者拒不履行业主义务的。

（四）违反有关法律、法规，造成负面影响的。

本人不提出辞职的，由委员会讨论通过并通知本人。

第二章　工 作 内 容

第七条　委员会主要工作内容包括：

（一）加强宣传引导。宣传有关法律、法规和国家政策，引导居民遵守社会公德和居民公约。

（二）开展联系走访。通过分片、上门走访等形式，密切联系居民，了解居民需求和意见建议。

（三）组织协商议事。负责收集居民的意见、建议和诉求，提出解决方案，并视情况提请居委会讨论。

（四）培育自治团队。培育本系统的自治团队，推进规范化发展，扩大社区居民参与。

（五）开展自治活动。组织开展自治互助活动，弘扬关爱邻里、奉献社区的精神，提升社区自治氛围。

第三章　议事规则

第八条　委员会议事规则如下：

（一）委员会一般每月召开一次会议，必要时可临时召开。

（二）会议由委员会主任召集。

（三）会议必须有三分之二以上委员到会方为有效。根据议题需要，可邀请若干名居民代表列席会议。

（四）委员会要及时收集议题，可通过走访联系、了解大联动巡查情况等方式收集议题。

（五）围绕议题，委员会应了解与议题相关的具体情况，必要时可召开居民座谈会听取意见。

（六）讨论议题，应由召集人作介绍后，与会人员逐一、充分发表意见。

（七）进行表决。根据少数服从多数原则，赞成票超过应到委员人数的三分之二为通过；表决形式，可根据议题情况采取举手或投票等方式进行。表决结果由会议召集人当场宣布。

（八）委员会讨论形成的工作方案，应分工落实。涉及居民区公共事务的重要工作事项，经会议讨论通过后，及时提交居委会讨论。

（九）会议由联络员负责记录。

美化环境（卫生）委员会工作细则

第一章　人员组成

第一条　卫生委员会是居委会下设的专门工作委员会，主要负责组织开展保护小区环境、维护居民权益相关的居民自治工作。

第二条 委员会由主任和4名委员组成。主任由居民担任，1名居委会干部担任联络员。

第三条 委员由居民代表会议推选产生。委员会主任由全体委员推选产生。

第四条 委员任期与居委会委员任期相同，三年一届，可连选连任。

第五条 委员出现缺额时，应根据实际情况及时增补。

第六条 委员出现以下情况应当辞去委员职务：

(一) 已不是本社区居民。

(二) 因身体、工作原因等难以继续履行职责的。

(三) 违反小区议事规则、管理规约，或者拒不履行业主义务的。

(四) 违反有关法律、法规，造成负面影响的。

本人不提出辞职的，由委员会讨论通过并通知本人。

第二章 工作内容

第七条 委员会主要工作内容包括：

(一) 加强宣传引导。宣传有关法律、法规和国家政策，引导居民遵守社会公德和居民公约。

(二) 开展联系走访。通过分片、上门走访等形式，密切联系居民，了解居民需求和意见建议。

(三) 组织协商议事。负责收集居民的意见、建议和诉求，提出解决方案，并视情提请居委会讨论。

(四) 培育自治团队。培育本系统的自治团队，推进规范化发展，扩大社区居民参与。

(五) 开展自治活动。组织开展自治互助活动，弘扬关爱邻里、奉献社区的精神，提升社区自治氛围。

第三章 议事规则

第八条 委员会议事规则如下：

(一) 委员会一般每月召开一次会议，必要时可临时召开。

(二) 会议由委员会主任召集。

(三) 会议必须有三分之二以上委员到会方为有效。根据议题需要，可邀请若干名居民代表列席会议。

（四）委员会要及时收集议题，可通过走访联系、了解大联动巡查情况等方式收集议题。

（五）围绕议题，委员会应了解与议题相关的具体情况，必要时可召开居民座谈会听取意见。

（六）讨论议题，应由召集人作介绍后，与会人员逐一、充分发表意见。

（七）进行表决。根据少数服从多数原则，赞成票超过应到委员人数的三分之二为通过；表决形式，可根据议题情况采取举手或投票等方式进行。表决结果由会议召集人当场宣布。

（八）委员会讨论形成的工作方案，应分工落实。涉及居民区公共事务的重要工作事项，经会议讨论通过后，及时提交居委会讨论。

（九）会议由联络员负责记录。

品味生活（妇代）委员会工作细则

第一章　人员组成

第一条　妇代委员会是居委会下设的专门工作委员会，主要负责组织开展妇代相关的居民自治工作。

第二条　委员会由主任、副主任和3名委员组成。主任由居民担任，1名居委会干部担任联络员。

第三条　委员由妇女代表会议选举产生。委员会主任和副主任由全体委员推选产生。

第四条　委员任期与居委会委员任期相同，三年一届，可连选连任。

第五条　委员出现缺额时，应根据实际情况及时增补。

第六条　委员出现以下情况应当辞去委员职务：

（一）已不是本社区居民。

（二）因身体、工作原因等难以继续履行职责的。

（三）违反小区议事规则、管理规约，或者拒不履行业主义务的。

（四）违反有关法律、法规，造成负面影响的。

本人不提出辞职的，由委员会讨论通过并通知本人。

第二章　工作内容

第七条　委员会主要工作内容包括：

（一）加强宣传引导。宣传有关法律、法规和国家政策，引导居民遵守社会公德和居民公约。

（二）开展联系走访。通过分片、上门走访等形式，密切联系居民，了解居民需求和意见建议。

（三）组织协商议事。负责收集居民的意见、建议和诉求，提出解决方案，并视情况提请居委会讨论。

（四）培育自治团队。培育本系统的自治团队，推进规范化发展，扩大社区居民参与。

（五）开展自治活动。组织开展自治互助活动，弘扬关爱邻里、奉献社区的精神，提升社区自治氛围。

第三章　议事规则

第八条　委员会议事规则如下：

（一）委员会一般每月召开一次会议，必要时可临时召开。

（二）会议由委员会主任召集。

（三）会议必须有三分之二以上委员到会方为有效。根据议题需要，可邀请若干名居民代表列席会议。

（四）委员会要及时收集议题，可通过走访联系、了解大联动巡查情况等方式收集议题。

（五）围绕议题，委员会应了解与议题相关的具体情况，必要时可召开居民座谈会听取意见。

（六）讨论议题，应由召集人作介绍后，与会人员逐一、充分发表意见。

（七）进行表决。根据少数服从多数原则，赞成票超过应到委员人数的三分之二为通过；表决形式，可根据议题情况采取举手或投票等方式进行。表决结果由会议召集人当场宣布。

（八）委员会讨论形成的工作方案，应分工落实。涉及居民区公共事务的重要工作事项，经会议讨论通过后，及时提交居委会讨论。

（九）会议由联络员负责记录。

志同道合（议事）委员会工作细则

第一章　人 员 组 成

第一条　议事委员会是居委会下设的专门工作委员会，主要负责组织开展与议事相关的居民自治工作。

第二条　委员会由主任和 4 名委员组成。主任由居民担任，1 名居委会干部担任联络员。

第三条　委员由居民代表会议推选产生。委员会主任由全体委员推选产生。

第四条　委员任期与居委会委员任期相同，三年一届，可连选连任。

第五条　委员出现缺额时，应根据实际情况及时增补。

第六条　委员出现以下情况应当辞去委员职务：

（一）已不是本社区居民。

（二）因身体、工作原因等难以继续履行职责的。

（三）违反小区议事规则、管理规约，或者拒不履行业主义务的。

（四）违反有关法律、法规，造成负面影响的。

本人不提出辞职的，由委员会讨论通过并通知本人。

第二章　工 作 内 容

第七条　委员会主要工作内容包括：

（一）加强宣传引导。宣传有关法律、法规和国家政策，引导居民遵守社会公德和居民公约。

（二）开展联系走访。通过分片、上门走访等形式，密切联系居民，了解居民需求和意见建议。

（三）组织协商议事。负责收集居民的意见、建议和诉求，提出解决方案，并视情况提请居委会讨论。

（四）培育自治团队。培育本系统的自治团队，推进规范化发展，扩大社区居民参与。

（五）开展自治活动。组织开展自治互助活动，弘扬关爱邻里、奉献社区的精神，提升社区自治氛围。

第三章 议事规则

第八条 委员会议事规则如下：

（一）委员会一般每月召开一次会议，必要时可临时召开。

（二）会议由委员会主任召集。

（三）会议必须有三分之二以上委员到会方为有效。根据议题需要，可邀请若干名居民代表列席会议。

（四）委员会要及时收集议题，可通过走访联系、了解大联动巡查情况等方式收集议题。

（五）围绕议题，委员会应了解与议题相关的具体情况，必要时可召开居民座谈会听取意见。

（六）讨论议题，应由召集人作介绍后，与会人员逐一、充分发表意见。

（七）进行表决。根据少数服从多数原则，赞成票超过应到委员人数的三分之二为通过；表决形式，可根据议题情况采取举手或投票等方式进行。表决结果由会议召集人当场宣布。

（八）委员会讨论形成的工作方案，应分工落实。涉及居民区公共事务的重要工作事项，经会议讨论通过后，及时提交居委会讨论。

（九）会议由联络员负责记录。

生机盎然（睿智）委员会工作细则

第一章 人员组成

第一条 睿智委员会是居委会下设的专门工作委员会，主要负责组织开展少儿相关的居民自治工作。

第二条 委员会由主任和4名委员组成。主任由居民担任，1名居委会干部担任联络员。

第三条 委员由居民代表会议推选产生。委员会主任由全体委员推选产生。

第四条 委员任期与居委会委员任期相同，三年一届，可连选连任。

第五条 委员出现缺额时，应根据实际情况及时增补。

第六条 委员出现以下情况应当辞去委员职务：

（一）已不是本社区居民。

（二）因身体、工作原因等难以继续履行职责的。

（三）违反小区议事规则、管理规约，或者拒不履行业主义务的。

（四）违反有关法律、法规，造成负面影响的。

本人不提出辞职的，由委员会讨论通过并通知本人。

第二章　工作内容

第七条　委员会主要工作内容包括：

（一）加强宣传引导。宣传有关法律、法规和国家政策，引导居民遵守社会公德和居民公约。

（二）开展联系走访。通过分片、上门走访等形式，密切联系居民，了解居民需求和意见建议。

（三）组织协商议事。负责收集居民的意见、建议和诉求，提出解决方案，并视情况提请居委会讨论。

（四）培育自治团队。培育本系统的自治团队，推进规范化发展，扩大社区居民参与。

（五）开展自治活动。组织开展自治互助活动，弘扬关爱邻里、奉献社区的精神，提升社区自治氛围。

第三章　议事规则

第八条　委员会议事规则如下：

（一）委员会一般每月召开一次会议，必要时可临时召开。

（二）会议由委员会主任召集。

（三）会议必须有三分之二以上委员到会方为有效。根据议题需要，可邀请若干名居民代表列席会议。

（四）委员会要及时收集议题，可通过走访联系、了解大联动巡查情况等方式收集议题。

（五）围绕议题，委员会应了解与议题相关的具体情况，必要时可召开居民座谈会听取意见。

（六）讨论议题，应由召集人作介绍后，与会人员逐一、充分发表意见。

（七）进行表决。根据少数服从多数原则，赞成票超过应到委员人数的三分之二为通过；表决形式，可根据议题情况采取举手或投票等方式进行。表决结果由会议召集人当场宣布。

(八) 委员会讨论形成的工作方案，应分工落实。涉及居民区公共事务的重要工作事项，经会议讨论通过后，及时提交居委会讨论。

(九) 会议由联络员负责记录。

活力社区(联动)委员会工作细则

第一章　人员组成

第一条　联动委员会是居委会下设的专门工作委员会，主要负责组织开展与社区巡查相关的居民自治工作。

第二条　委员会由主任和 4 名委员组成。主任由居民担任，1 名居委会干部担任联络员。

第三条　委员由居民代表会议推选产生。委员会主任由全体委员推选产生。

第四条　委员任期与居委会委员任期相同，三年一届，可连选连任。

第五条　委员出现缺额时，应根据实际情况及时增补。

第六条　委员出现以下情况应当辞去委员职务：

(一) 已不是本社区居民。

(二) 因身体、工作原因等难以继续履行职责的。

(三) 违反小区议事规则、管理规约，或者拒不履行业主义务的。

(四) 违反有关法律、法规，造成负面影响的。

本人不提出辞职的，由委员会讨论通过并通知本人。

第二章　工作内容

第七条　委员会主要工作内容包括：

(一) 加强宣传引导。宣传有关法律、法规和国家政策，引导居民遵守社会公德和居民公约。

(二) 开展联系走访。通过分片、上门走访等形式，密切联系居民，了解居民需求和意见建议。

(三) 组织协商议事。负责收集居民的意见、建议和诉求，提出解决方案，并视情况提请居委会讨论。

(四) 培育自治团队。培育本系统的自治团队，推进规范化发展，扩大社区居民参与。

（五）开展自治活动。组织开展自治互助活动，弘扬关爱邻里、奉献社区的精神，提升社区自治氛围。

第三章　议 事 规 则

第八条　委员会议事规则如下：

（一）委员会一般每月召开一次会议，必要时可临时召开。

（二）会议由委员会主任召集。

（三）会议必须有三分之二以上委员到会方为有效。根据议题需要，可邀请若干名居民代表列席会议。

（四）委员会要及时收集议题，可通过走访联系、了解大联动巡查情况等方式收集议题。

（五）围绕议题，委员会应了解与议题相关的具体情况，必要时可召开居民座谈会听取意见。

（六）讨论议题，应由召集人作介绍后，与会人员逐一、充分发表意见。

（七）进行表决。根据少数服从多数原则，赞成票超过应到委员人数的三分之二为通过；表决形式，可根据议题情况采取举手或投票等方式进行。表决结果由会议召集人当场宣布。

（八）委员会讨论形成的工作方案，应分工落实。涉及居民区公共事务的重要工作事项，经会议讨论通过后，及时提交居委会讨论。

（九）会议由联络员负责记录。

居委会自治家园自治基金

居委会自治家园自治基金管理规定

为了更好地做好自治家园建设工作，确保自治家园的正常运行，特别对自治家园自治基金的运用和管理做出以下规定。

1. 自治基金筹集

自治基金的筹集，可从以下三方面筹集：

（1）街道资助。

（2）社区内外企事业单位赞助。

（3）社区内居民自助。

2. 自治基金管理

（1）自治基金必须设专人管理，逐笔做好收支台账。每半年在自治组织内部或小区内公布一次。

（2）自治基金使用审批权限由自治组织开会决定。

3. 自治基金的申请和使用

（1）各团队若需使用自治基金，需填表申请逐级上报自治组织。在使用过程中，必须凭发票按审批计划内金额报销。

（2）自治基金专款专用，不得挪作他用。

4. 自治基金的监督

自治基金的筹集和使用必须接受居委会和社区居民的监督。

第四章

自治主体的再构建

居 民 驿 站

一、百灵鸟驿站

百灵鸟驿站——提高群众自治水平和公众参与率

曹杨新村街道杏梅园居委会

为了提高居民区的群众自治水平，扩大居民群众参与社区建设，丰富群众的社区生活，加强居民间的沟通，为居民各得其所、各尽其能、各展所长提供平台，2005 年，我们居委会成立了“百灵鸟驿站”。“百灵鸟驿站”是在整合原先各类团队资源的基础上，培育起来的一支小区自治性团队。百灵鸟团队自建立以来，在居民区党组织的引领和居委会的指导下，积极投入社区建设，尤其各分队立足各自活动的领域，发挥了积极的作用，不仅在小区中形成了正面的舆论导向，弘扬了小区正气，抵制了歪风邪气，畅通了上情下达、下情上传的沟通渠道，而且激发群众去广泛参与社区建设，居民区民主管理的氛围逐步形成。

目前成立的分队有：

（1）百灵鸟宣传队（读报小组、文艺队伍等）。在小区采取多种形式宣传“七不”规范，做到无“六乱”、无违章搭建、无垃圾堆物现象发生，发挥“三自”功能，激发居民的公民意识和公共意识，鼓励居民发扬共同参与、义务劳动的传统，围绕清洁家园，促文明、迎世博、当主人，开展各类公益活动，强化居民的文明行为规范。利用各种宣传和手段，开展丰富多彩、形式多样的活动，把各项工作落到实处。

（2）百灵鸟党员队伍（医疗咨询、健康自我管理小组）。按照各自特点开展系列特色志愿者服务，并形成长效机制，如“小手大手，文明手牵手”活动，部分离休老干部签约“爱心助学”活动，关心帮助小区困难家庭子女；划分六个党员护绿责任区，认养管理小区绿化地；安全巡逻队每周五天义务巡逻，保障居民生活安全；党员义工每周定期免费为小区居民提供测量血压和医疗咨询等便民服务。

(3) 百灵鸟义工、志愿者队伍（依靠群众力量协助居委会化解居民矛盾，按照特长和志愿，根据居民需要，开展特色活动）。以楼组为单位成立协调小组，楼组长担任小组长，关心居民日常生活，解决居民矛盾。特别在综合整治工程中，积极宣传，做居民思想工作。

(4) 百灵鸟安全巡逻队（定期落实专人巡查小区安全问题）。紧紧围绕“平安世博”这一主题，加强安全防范，在小区内通过广播、显示屏、黑板报、宣传栏以及百灵鸟志愿者的口口相传等方式，加强社区居民安全意识，教育社区居民从身边小事做起，做到安全防范；二是通过定期巡逻，排查小区不稳定因素、矛盾纠纷和治安突出问题，以及水、电、煤、火灾等事故隐患。白天，以我们百灵鸟队伍巡逻小区为主，除了观察是否有陌生人、可疑人物之外，还要劝阻乱晾晒、乱停车、乱丢垃圾等不文明行为，以及我们居民的防火防盗、安全使用煤气等；晚上，由保安轮流在小区值班，以保障居民的生命财产安全。对排查出来的问题要进行梳理，对于重大矛盾纠纷，及时上报街道相关部门，集中力量，予以化解，确保不发生影响政治稳定、治安安定的案(事)件。

(5) 百灵鸟环保护绿队（定期开展绿化维护与监督、负责小区外环境维护、小区卫生整治工作，保护生活环境整洁）。一是全面治理清运小区垃圾，包括绿地垃圾、死角垃圾、沟渠等多年积聚的垃圾等，通过宣传，引导居民将生活垃圾、建筑垃圾倾倒至指定位置；二是治理乱堆乱放，着力解决小区主次道路、绿地内、楼道内的乱堆问题，拆除小区内侵街占道的私搭乱建；三是绿化美化小区，发动居民积极参与义务植树活动，提高居民的绿化养护意识和环保意识，逐步提升小区的绿化、美化水平（参见图 4-1）。

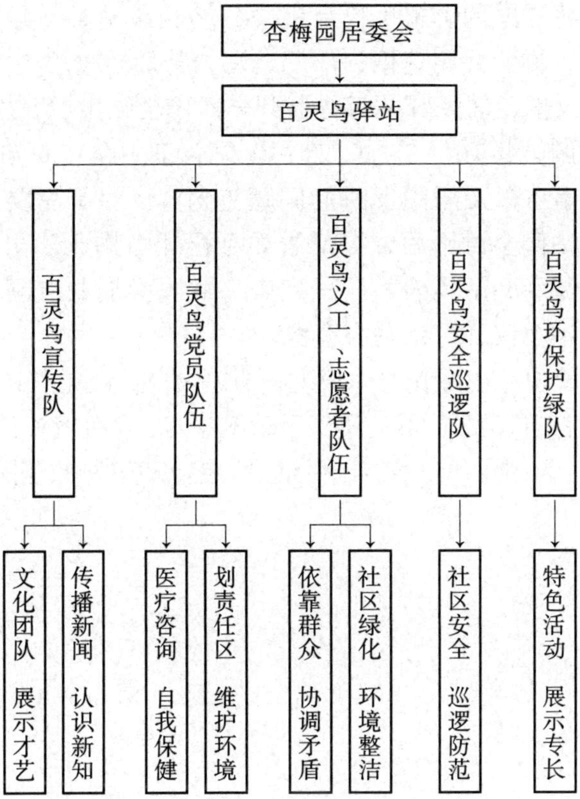

图4－1　百灵鸟驿站构架

二、“七彩家园”居民驿站

1. 组织架构

“七彩家园”居民驿站由红枫读书学习园、关爱服务爱心园、矛盾协调议事园、治安环境守护园、娱乐健身康乐园、英语沙龙开心园、摄影书画快乐园7个分站组成，设站长1名、副站长1名、分站长7名、协调员7名（协助分站长工作），目前驿站成员近200人。

2. 工作制度

“七彩家园”居民驿站以重大问题居民自治、家园管理居民自理、群众团队居民自组为原则，建立了定期接待、例会议事、团队管理制度。

一是定期接待。每周一至周五8:30—16:00，安排值班志愿者接待居民来访，并将居民的诉求反映至相关分站长或站长，必要时反映到居委会、业委会、物业公司等相关部门，竭力帮助居民解决实际困难。

二是例会议事。居民驿站每月召开一次例会，由站长主持，副站长、各分站长和协调员共16人参加，商讨驿站管理中存在的问题、居委会需要驿站协助的事务以及居民反映的问题等内容。对于需要多方协调解决的问题，经驿站例会讨论后，提请居委会召开由物业公司、业委会、居委会、社区民警、驿站代表、居民代表等共同参加的专题会议。各分站每半月召开分站会议，讨论站内事务。

三是团队管理。由站长总体管理各分站团队，副站长协助，统筹协调活动场所，合理安排活动时间，确保活动不冲突。各分站长具体负责所属团队的活动管理，为团队“量身定制”活动方案，切实丰富居民文化生活。

自 治 家 园

一、自治家园理事会

自治家园理事会章程

半淞园街道黄埔新苑居民区

2012 年 6 月

第一章　总　　则

第一条　为加强黄浦新苑小区建设，创建文明、和谐小区，增强社区居民的社区意识、民主意识和参与意识，推进自治家园工作，特成立黄浦新苑群众性自治组织，名称为：黄浦新苑自治家园理事会（以下简称理事会）。

第二条　理事会由小区居民在自愿基础上通过民主推荐或选举的方式产生，在居民区党总支领导和居委会的具体指导下，自主开展工作。

第三条　理事会的主要任务，是协助居委会有效组织本小区居民有序参与社区事务的民主管理和民主决策，进一步提升社区居民自我管理、自我教育和自我服务的水平和能力。

第二章　组 织 机 构

第四条　理事会设理事长一人、执行秘书一人。理事长由党总支推荐，全体理事大会选举产生。执行秘书由理事长推荐，全体理事大会选举产生。

第五条　理事会聘请若干德高望重的居民为资深参谋，参加理事会例会。

第六条　理事会下设六个专业委员会。分别为环境保护委员会、综合治理委员会、爱心福利委员会、文化教育委员会、文体娱乐委员会、资源开发委员会。各委员会分设主任一名，副主任一名。主任由理事长推荐，副主任由主任推荐，全体理事大会选举产生。主任为理事会常务理事，副主任为理事会理事。

第七条 各委员会根据工作需要下设若干个专业团队，本届理事会目前共设立23个专业团队。各专业团队全体成员选举产生组（队）长1名，组（队）长为理事会理事。

第八条 常务理事由11人组成，具体为：理事长、执行秘书、六个专业委员会主任、党总支书记、居委会主任、业委会主任。

第九条 常务理事和理事任期为两年。其中，专业委员会主任、副主任年龄不超过70周岁，专业团队组（队）长年龄不超过75周岁。

第十条 理事会理事应是社区自治事务的发现者、社区自治活动的倡导者、社区自治组织的培育者、社区自治方式的建议者。

第三章 职 责

第十一条 根据黄浦新苑居民自治家园的需要制订和修改理事会章程，由全体理事大会通过。

第十二条 每两年做好理事会的换届改选工作。

第十三条 根据需要调整常务理事（需经理事大会选举通过）和理事会人员（需经专业委员会会议选举通过）。

第十四条 定期或不定期召开常务理事会以及全体理事大会。

第十五条 制订年度工作计划和实施指导意见。

第十六条 制订专业委员会功能、运作机制等制度规范。

第十七条 检查、督促各专业委员会、专业团队的日常工作。

第十八条 听取居民意见，反映居民呼声，为社区办好事、实事。

第十九条 总结、交流、推广社区自治经验，表彰奖励社区自治先进分子和先进事迹。

第二十条 设立自治基金，编制经费预算，实施额度管理。

第二十一条 做好理事会、各专业委员会及下属团队的活动台账和原始记录工作。

第四章 附 则

第二十二条 本章程经黄浦新苑自治家园理事大会通过之日起生效。

二、自治家园专业委员会运作机制

为加强自治家园建设，更好地发挥专业委员会的作用，特制订专业委员会的运作机制如下：

（1）本专业委员会定名为＿＿＿＿＿＿委员会。

（2）本委员会设主任、副主任各1名，由全体理事大会选举产生。主任、副主任任期两年，年龄不超过70周岁。

（3）本委员会下设＿＿＿＿个团队，每个团队设组（队）长1名，由组（队）员推选，任期两年，年龄不超过75周岁。

（4）委员会制订年度工作（活动）计划和编制经费预算。各团队每月定期或不定期开展活动一次。活动内容事前由委员会主任、副主任和各团队组（队）长商定。涉及重大活动或临时增加经费开支，须事前报经自治家园理事会审批。

（5）委员会及各团队每次活动都要做好记录，并做好各项活动的资料收集、保管和装订工作，该项工作由副主任或指定他人负责。

（6）各团队每半年进行一次工作（活动）总结，结合考评，对工作（活动）成绩突出者给予奖励（具体奖励办法由委员会另行制订，并报理事会审批）。

（7）委员会可根据社区自治家园发展需要，调整下属团队，报理事会备案。

（8）为使本专业委员会的活动更加丰富多彩，可与理事会下属其他专业委员会进行不定期的沟通和交流，取长补短，共同提高。

居民自治理事会

一、居民自治理事会经验介绍

睦邻家园居民自治理事会

延吉新村街道控江路645弄居委会

控江路645弄居委会成立于1981年，辖区面积38 000平方米，东至水丰路，舒兰小区，西至隆昌路，北至控江路，辖区内共有1 631户，3 838人。2014年初，我们居委会为推进自治家园建设，成立了“睦邻家园居民自治理事会”，并在社区自治中发挥了积极的作用。现举例如何“文明养狗”，来看“睦邻家园居民自治理事会”的作用。

随着人们生活水平的不断提高，养狗逐渐成了很多居民的业余爱好。据统计，我们居民区内共有110户家庭养狗，小区里随处可以看到狗的身影。养狗在给一部分人带来欢乐的同时，也给另一部分人带来了负面的影响，尤其是遛狗时有些主人不牵绳，任其随地大小便等情况屡屡发生，不仅对社区环境治理造成了困扰，而且也产生了邻里矛盾，成为社区的不和谐音符。对此，居委会也多次出黑板报宣传、在党员大会上宣传文明养狗，却收效甚微，“文明养狗”成为了社区的一大难题。

2014年初，645弄睦邻家园居民自治理事会成立了，大家在社区议事的过程中，由于在平时党总支的活动中经常听到书记谈及“文明养狗”的问题，由此，理事会的党员们集中表达了对“文明养狗”问题的关注并希望尽快解决该问题。所以，645弄睦邻自治家园理事会成立后的第一件事就是商量“文明养狗”的问题。理事长首先和645弄党总支书记和居委会主任进行了沟通，对问题有了较深的了解。

因为645弄睦邻自治家园理事会秘书长是社会组织的社工，所以，在议题产生之后、解决方案制订之前，秘书长特地找到理事长进行了长谈，秘书长向理事长讲述了在解决问题的过程中可以用到的一些社会工作的专业方法，并简述了运用这些方法的好处，得到了理事长的认同和采纳。接着，理事长发起了关于“文明养狗问题解决方案制订”的参与式工作坊，讨论如何解决这个始终没能解决的“老大难”问题，以积极寻求一个有效的解决方案。

会议由645弄睦邻自治家园理事会理事长主持，所有常务理事参与，并邀请了相关的居委干部旁听。会议采取参与式讨论的工作方法，根据议题列出讨论框架，全体与会人员共同讨论具体内容。会议要求人人发言，各抒己见。在秘书长的带动下，大家从讲故事开始，由生动的案例带出了很多的思维碰撞和火花，大家发言踊跃，讨论热烈。

最终，整个会议围绕现有急需解决的不文明现象、产生这个现象的原因、如何改变这种现状、我们能在这里面做什么几个部分展开讨论，得到了以下初步结论。

目前本社区急需解决的不文明养狗现象如下：

（1）狗随地大小便影响社区公共环境。

（2）遛狗时不牵狗绳，狗到处乱跑造成社区安全隐患。

有待解决的重要的养狗问题如下：

（1）要求养狗家庭每户都办理《养犬登记证》。

（2）要求每只狗都定期接受疫苗接种。

（3）要保持睦邻友好，采取有效措施制止犬吠，避免干扰他人的正常生活。

大家表示：这是一个需要靠各方力量共同解决的问题，因为很多现象目前没有立法，只能依靠道德约束，这就需要整个社区的居民共同营造这种氛围；另外，关于文明养狗，到底怎样养狗算文明养狗，这个标准很多人都不清楚，需要有相应的宣传和学习活动；再者，我们要掌握社区内养狗家庭的基本情况，有了基础数据才能分析并寻找解决方案。理事会下属所有专委会都要积极参与宣传工作，由美化环境专委会主要负责，其他专委会发挥各自专长，积极协助配合。

会议上，大家一起制订了文明养狗的行动的阶段性计划。

第一阶段行动安排如下：

（1）645弄睦邻自治家园理事会通过居委会和楼组长召开动员会议，通过志愿者楼组长入户统计社区居民养狗的情况，建立文明养狗档案

(包括姓名、性别、年龄、住址、狗的种类、数量等基本信息)。

(2)由美化环境专委会草拟文明养狗倡议书,理事会、居委会修改定稿,通过志愿者上门邀请所有养狗居民参与签约,共同承诺文明养狗。

(3)645弄睦邻自治家园理事会安排美化环境专委会成员学习文明养狗的相关知识,并在会议上向理事会所有成员宣传,根据学习内容再制订进一步的行动计划。

(4)和养狗的热心社区居民一起,制订两次社区宣传倡导活动计划,通过青少年儿童和中老年人群的人际宣传,呼吁人人行动起来,营造社区文明养狗氛围。

第二阶段行动安排如下:

(1)分析社区养狗情况,形成简单的调研报告。

(2)分析第一阶段签约情况,收集和探讨部分居民拒绝签约的原因。

(3)开展社区文明养狗宣传倡导活动,并形成品牌,成为美化环境专委会的特色活动。

(4)在活动过程中吸纳志愿者和对于文明养狗问题高度关注的热心人加入。

第三阶段行动安排如下:

(1)对接外部资源,如爱卫办指导文明养狗政策,如狗粮企业资助宣传活动等,加强社区行动,丰富活动内涵,营造良好的氛围。

(2)将一些取得较好效果的活动规范化、常规化、品牌化;将一些较好的做法持续推进(如文明养狗档案的更新);将一些遇到的实际问题进行深入探讨,寻找根源,争取解决。

二、社区强大支撑,执行落实保障

在计划实施的过程中也遇到了不少问题,为此,645弄睦邻自治家园理事会也特别召开了几次临时会议,并邀请一些支持方商议解决方案。

(1)签约户数不多,大家提议增加一些礼品宣传品的发放来吸引社区居民的关注度,但苦于没有经费。

[解决方案] 为此,自治家园理事会由理事长和秘书长发起,邀

请睦邻中心运营方新途的筹资专员参与，召开临时会议商议后决定“自我造血”，举办了一场“好邻居集市”的二手货市场，将营收所得的180元捐赠给自治家园理事会用于开展文明养狗行动，购买了用于清理狗的粪便的垃圾袋作为签约礼品发放。

（2）签约的一些家庭提出养狗问题是双向的理解，没有养狗的家庭也需要理解养狗家庭的需求，只有互相理解，才能解决矛盾。

[解决方案] 为此，645弄睦邻自治家园理事会由理事长和秘书长发起召开临时会议，邀请了养狗家庭的代表参加，就此言论进行了讨论，一致认为这个意见是非常好的，只有双向沟通理解并做出改变，才能真正解决问题。所以，两场宣传活动改为一场宣传“文明养狗”，一场宣传“狗与人和谐相处的故事”。

（3）在宣传的过程中，有一些志愿者受到了不文明的对待（被辱骂或极度不配合），造成了志愿者开展宣传的信心和积极性受到较大的影响。

[解决方案] 645弄睦邻自治家园理事会由理事长和秘书长发起召开临时会议，并邀请了居委会主任参加，就此现象进行了讨论，商议认为，我们需要及时关心志愿者的情绪，并给予足够的支持，以帮助他们弘扬社区正能量。居委会在社区工作方面有着丰富的经验，可以请居民区书记和居委会主任作为志愿者的顾问。具体做法是：

① 由一名志愿者上门改为两名志愿者一起上门；

② 由居民区书记和居委会主任定期与志愿者进行沟通，分享一些突发情况的办法处理；

③ 由美化环境专委会的主任负责关注志愿者的积极性和情绪变化，及时做出简单的疏导和反馈。

三、初步成效

目前，本社区内签约的家庭已达65%以上，社区内因狗而引发的冲突矛盾明显减少，所有社区内的家养狗都建立了档案统计在册。开展的宣传活动收到了预期效果，社区居民对文明养狗的关注度提升了，对文明养狗的具体标准有了较清晰的认识，达成了基本的共识。

由此得到的启示：社区治理不能单打独斗。

尺有所长，寸有所短。无论什么样的组织和人都有各自的优势与劣势，在社区治理这样一个复杂的问题下，必须依靠多方力量协同作用才能解决问题，开放和包容才能让更多的社会力量参与社区治理。

在文明养狗的问题中，没有居委会的支持，排摸社区内狗的情况就会遇到阻力；没有开放的政府，就不会有社工担任秘书长；没有社工的介入，也许文明养狗的解决方案会成为一大难题；没有理事会所有“社区领袖”“居民代表”的努力，解决方案就无法最终落实和改善；没有多方的真正协作，就很难应变。所以，“文明养狗”问题的初战告捷，给了645弄睦邻自治家园理事会一个很好的经验，未来在处理新的议题和社区治理相关问题的时候就有了“思路”——让更多人，参与才能制订更好的解决方案，才能更好地解决问题。

四、居民自治理事会章程

睦邻家园居民自治理事会章程（试行稿）

延吉新村街道控江路645弄居委会

第一章　总　　则

第一条　为了进一步深化小区民主建设，充分发挥居民主体作用，实现自我管理、自我教育、自我服务、自我监督的目标，促进本小区各项工作健康、有序、和谐地发展，特成立控江路645弄睦邻家园居民自治理事会（以下简称“理事会”），并制订本章程。

第二条　理事会是接受本居民区党组织领导，由所在居委会指导的行使提议、讨论、商议小区重大事务的议事组织，按照“居民广泛参与、自愿义务担任、遵守法律法规、民主管理事务”的要求开展工作。

第三条　理事会实行义务理事制度，理事会成员应是社区自治事物的发现者、社区自治活动的倡导者、社区自治组织的培育者、社区自治方式的建议者。

第二章　组 织 机 构

第四条　理事会设理事长1人，秘书长1人，副秘书长1人。理事长负责主持理事会全面工作；秘书长负责协助理事长开展理事会日常工作，副秘书长协助秘书长工作。

第五条 常务理事由理事长、秘书长、副秘书长、业委会主任、专委会主任及专委会副主任等13人组成。

第六条 理事会成员的任期，原则上与本小区居委会班子的任期相同，可连选连任。理事会成员在任期中出现缺额，应根据实际情况进行增补。

第七条 常务理事应由各专业委员会民主选举产生，理事长、秘书长、副秘书长由理事会在内部成员中推选产生。

第八条 对违反国家法律法规和不认真履行义务的理事会成员，可对其进行劝退。

第三章 工作职责

第九条 理事会成员对本专业委员会工作开展调查研究，密切联系小区党员群众，了解民意，集中民智，收集议题，并交由党组织和居委会进行决策、指导、落实。

第十条 不断挖掘、整合并使用好小区各类人才资源，让有识之士融入社区、乐于奉献，成为小区各种需求人才库，创建服务平台。

第十一条 大力支撑各具特色的团队开展活动，充分展示他们的专业特长和兴趣爱好，净化心灵、陶冶情操，使居民志愿者团队成为小区的挂历和服务风景线，创新自治平台。

第十二条 慈善公益、敬老爱幼、凝聚爱心，让关爱老人健康生活与快乐儿童愉悦成长，成为小区和谐交往、创造睦邻相亲的平台。

第四章 议事规程

第十三条 理事会秘书长负责理事会的日常事务，及时收集、整理各类提议，并提交理事长，由理事长确定理事会议题，并召集、主持会议，原则上每两月召开一次，也可视情况临时召开理事会；有三分之一以上的理事提议，可召开理事会议。

第十四条 议题由理事会成员单独或联名提出，并应提前将议题告知其他理事，各理事应就议题进行认真思考。

第十五条 理事会在召开前应公开会议时间、地点及主要议题。理事会应向本小区其他群众组织及个人开放，参与的居民代表在会上可以发表意见和建议，但无表决权。

第十六条 理事会必须有三分之二及以上成员到会方能开会，各议题经充分讨论后，以民主表决的方式，且经到会成员半数以上通过后形成提案，对会上难以形成共识的事项，应重新进行调查，并在条件成熟时再次讨论，形成议案。

第十七条 议案形成后，应根据议案内容及时交与小区党组织、居委会、业委会等组织进行决策执行，并将决策执行情况及时反馈理事会。

第五章 附 则

第十八条 本章程的修改补充由理事会讨论决定。

第十九条 本章程经理事会讨论通过后实施。

居民自治团队

居民自治团队工作规约

古美路街道古龙三村居委会

一、和睦团结（民政）委员会（下属三个自治团队）

（一）清心之源敬老睦邻服务团

（1）活动时间：每月定期一次会议，每季度在小区开展主题服务活动。

（2）主要内容：

① 以“组团式”“双结对”等方式开展敬老助老服务，主要针对小区独居、空巢老人、残疾人、患大病等各类特殊群体进行上门关心和服务。

② 每次会议主要研究助老工作，针对服务对象和服务需求，建立多渠道助老结对服务项目，制订服务居民计划和服务项目。

③ 每次服务做好过程记录，做好服务活动记录和工作评估。

（二）清心医护专家服务团

（1）活动时间：每月10号开展义诊。

（2）主要内容：

① 每季度召开例会，进行工作总结，并对下一阶段工作做安排。

② 为小区居民提供健康卫生和医疗咨询服务，对小区内有特殊情况的病人（如独居、空巢老人、残疾人、行动不便的病人等）提供上门服务和跟踪服务。

③ 每次活动做好过程记录和工作评估。

（三）清心小屋心理咨询团

（1）活动时间：每月定期两次咨询活动。

（2）主要内容：

① 每月设计主题内容。

② 每次活动做好过程记录，以便做好服务对象的跟踪和服务工作。

③ 每半年服务活动，形成阶段性工作小结，总结活动成果和改进问题，提出工作展望，并做好每半年的活动评估工作。

④ 对小区内的特殊对象、个案做到及时干预，积极调处。

二、协同内外（宣传）委员会（下属五个自治团队）

（一）摄影茶道沙龙

（1）活动时间：每周三上午9:00—11:00。

（2）主要内容：

① 摄影沙龙爱好者一起探讨摄影经验，分享摄影作品。

② 定期组织小型摄影实景活动。

（二）常青合唱团

（1）活动时间：每周二14:00—16:00。

（2）主要内容：

① 志愿者老师教授合唱技巧，成员相互交流技艺。

② 参加红歌比赛和文艺表演，为小区联谊活动策划曲目。

③ 做好活动团队名册和活动记录。

（三）红霞舞蹈团

（1）活动时间：每周一19:00—20:00。

（2）主要内容：

① 志愿者老师教授舞蹈技巧，成员相互交流技艺。

② 参加舞蹈比赛和文艺表演，为小区联谊活动表演节目。

③ 做好活动团队名册和活动记录。

（四）景庭健身舞团

（1）活动时间：每天19:00—20:00。

（2）主要内容：

① 志愿者老师教授健身舞技巧，成员之间交流技艺。

② 参加健身舞比赛和文体表演，为小区联谊活动表演节目。

③ 做好活动团队名册和活动记录。

（五）白鹤太极拳队

（1）活动时间：每天7:00—8:00。

（2）主要内容：

① 志愿者老师教授太极拳技巧，成员之间交流技艺。

② 参加太极拳协会比赛和文体表演，为小区联谊活动表演节目。

③ 做好活动团队名册和活动记录。

三、古道热肠（调解）委员会（下属三个自治团队）

（一）物业贴心服务队

（1）活动时间：常年。

（2）主要内容：

① 服务团队按照服务合约，履行服务义务。物业公司组织各服务专业人员加强小区保安、保洁、保绿等物业日常养护和管理工作。

② 每周召开工作例会，对近期的工作进行总结，回应小区居民提出的物业管理问题，部署下一步的工作安排。

③ 为小区业主提供温馨服务，排忧解难。

④ 争取党组织领导，加强与居委会协作，保持与业委会沟通，发现疑难问题及时联系，与业委会智囊团一起寻找对策，协商解决。

（二）业委会智囊团

（1）活动时间：每季度活动一次，根据工作需要，列席业委会工作会议。

（2）主要内容：

① 广泛与小区业主沟通联系，主动听取业主对业委会、物业公司工作的意见建议，做好意见建议的收集和整理，提供给业委会或物业公司，加强和完善小区综合管理工作。

② 小区管理和维护中出现的专业问题（如绿化移种、泵阀维护等），智囊团提出意见建议与物业公司共同探讨商议，将解决方案提交业委会或业主大会决策。

③ 做好每次会议或议案的书面记录，各类问题发现和解决的过程记录。

（三）律师咨询小组

（1）活动时间：每季度活动一次。

（2）主要内容：

① 广泛开展与小区居民的沟通联系，为小区居民提供法律咨询。

② 对小区的建设提供帮助（如：物业合同续签、电子围栏工程合同签订等），提出意见建议与物业公司共同探讨商议，将解决方案提交业委会或业主大会决策。

③ 和心理咨询团队一起，为小区的特殊调解案例提出法律意见。

④ 做好每次会议或议案的书面记录，各类法律问题发现和解决的过

程记录。

四、美化环境（卫生）委员会（下属三个自治团队）

（一）爱绿护绿志愿者服务队

（1）活动时间：每周巡逻检查三次。

（2）主要内容：

① 每月10日工作例会，对巡逻检查发现的问题进行总结，提出解决方案。

② 协助物业公司关心绿化养护工作，为名贵树种挂牌，开展绿化科普知识，积极宣传爱绿护绿与科学环保意识。

③ 发现疑难问题，及时上报居委会、业委会和物业公司。

④ 做好名贵树种挂牌册、例会记录和绿色环保活动记录等。

（二）文明养宠QC俱乐部

（1）活动时间：每天上午、下午集中遛狗时段巡逻检查。

（2）主要内容：

① 每月10日工作例会，对发现的问题进行总结，提出解决方案供居委会商定。

② 每半年召开一次宠物饲养者居民会议，通报小区犬类管理情况，听取饲养者意见建议。

③ 为养宠户发放牵犬绳、塑料袋、卫生纸等遛狗工具。

④ 制订居民犬类饲养公约，建立小区犬类饲养、办证等记录，加强和监督公约执行情况等。

⑤ 做好例会和活动记录，开展犬类管理评估。

（三）节能低碳科普组

（1）活动时间：每季度举办一次主题活动。

（2）主要内容：

① 每次活动后以例会方式开展小组讨论，为居民发放环保袋，发放垃圾分类箱，收集废旧电池等。

② 制订居民低碳准则，召开楼组居民骨干会议，对居民加强宣传，增强节能减排和环保意识，提高居民的社会公德。

③ 做好各项活动和小组例会记录。

五、品味生活（妇代）委员会（下属三个自治团队）

（一）怡情书法诗画班

（1）活动时间：每周二9:00—11:00。

（2）主要内容：

① 由老师教学，学员学习书法、诗画，开展技艺交流。

② 每年开展一次学员作品展，参观诗画书法，共同赏析作品。

③ 每次教学活动做好学员学习记录。

（二）巧手慧心编织班

（1）活动时间：每周三9:00—11:00。

（2）主要内容：

① 由志愿者老师授课，学员学习编织技巧。定期将学员手工艺品，如十字绣、丝网花、毛衣、串珠编织等赠送给小区内的独居老人、残疾人等弱势群体，献上自己的爱心。

② 每次教学活动做好学员记录。

（三）巧妇当家厨艺班

（1）活动时间：每月10号、20号9:00—11:00。

（2）主要内容：

① 志愿者老师开设保健养生知识讲座，传授烹饪技巧。

② 学员参与菜谱交流、上门聚餐、厨艺交流，为小区联谊活动准备饭菜等活动。

③ 每次组织各类活动做好记录。

六、志同道合（议事）委员会（下属三个自治团队）

（一）楼组长睦邻沙龙

（1）活动时间：每季度活动一次。

（2）主要内容：

① 楼组长睦邻沙龙负责人召集活动，每次活动围绕小区公共事务和共同关心的主题，进行学习、交流与沟通。

② 举办各类培训、自治成果分享、才艺展示、文化娱乐等互动性活动，增强楼组长自治管理的素质和能力。

③ 做好每次活动记录。

（二）谈天说事聊天会

（1）活动时间：每周二14:00—16:00。

（2）主要内容：

① 凡是拥护党和国家政策，拥护社会主义制度，关心街道、小区公共事务的小区居民均可报名参加聊天会。

② 每次活动以专题讲座、集中授课或互动交流等方式开展，让居民

了解更多的知识。

③ 围绕小区公共事务，开展民主讨论，提出建设性意见。

④ 做好每次活动记录。

(三) 党员群众议事会

(1) 活动时间：每月召开一次会议。

(2) 主要内容：

① 讨论小区内的重大事项和公共事务，广开言论、民主协商、研究对策、提出建议。

② 每次讨论议题主动上报党组织，参与协同做好党员群众的思想和宣传工作。

③ 做好每次活动和议题讨论的记录。

七、生机盎然（睿智）委员会（下属三个自治团队）

(一) 快乐小陶子少儿欢乐营

(1) 活动时间：每月15号、25号9:00—11:00。

(2) 主要内容：

① 在小区会所或居委会多功能厅举办3~6岁儿童及其家长的亲子活动。

② 为小朋友们讲故事，增长其知识，提高其阅读能力。

③ 每期活动做好学员名册，并做好每次活动记录。

(二) 桃李满天下授课教育组

(1) 活动时间：每月一次主题活动。

(2) 主要内容：

① 针对小区内有补习需要的中小学生授课，关心他们的健康成长。

② 做好每批学员名册，并做好每次活动记录。

(三) 小梨子音乐工作室

(1) 活动时间：每周六举办一次活动。

(2) 主要内容：

针对小区内爱好音乐的少年儿童，教授音乐知识与唱歌技巧，用音乐陶冶情操，培养个人情趣。

八、活力社区（联动）委员会（下属两个自治团队）

(一) 大联动网格管理小组

(1) 活动时间：每周一次工作例会。

(2) 主要内容：

① 总结上周工作情况，分析小区存在问题，寻找解决办法，部署本周工作任务。

② 加强小区“2+1”信息采集，对外来流动人员做好排摸登记，及时更新小区内常住人口的信息。

③ 网格人员每天主动到小区走访，发现违章搭建、建筑垃圾乱堆放和影响小区环境等问题，及时记录并上报。

④ 对小区内发生的各类问题，居委会及时与业委会和物业公司沟通，提出应对措施，快速处理，并做好处置反馈。如小区内无法解决的，及时上报街道“大联动”工作平台，寻求上级相关部门帮助。

⑤ 做好每次会议记录和各类巡查、处置的过程记录。

（二）红袖章巡逻队

（1）活动时间：每天早、中、晚各两小时巡逻。

（2）主要内容：

① 对巡逻时发现的安全隐患、存在问题和应对方法做好巡逻记录。如发生突发事件，及时上报党组织、居委会、业委会和物业公司，组织相关人员积极做好协助处理。

② 每月20日召开工作例会，宣传安全防范知识，提高自我防范意识，组织居民建言献策。

③ 每次例会做好会议记录。